DEN KOMPLETTE KOREANSK-AMERIKANSK KOGEBOG

100 FUSED-REDE, DER SMAGE SOM HJEMMET

Susanne Lundqvist

Alle rettigheder forbeholdes.
Ansvarsfraskrivelse

Oplysningerne i denne e-bog er beregnet til at tjene som en omfattende samling af strategier, der er udforsket af forfatteren til denne e-bog. Resuméer, strategier, tips og tricks er kun forfatterens anbefalinger, og læsning af denne e-bog garanterer ikke, at dine resultater nøjagtigt afspejler forfatterens resultater. Forfatteren af e-bogen har gjort enhver rimelig indsats for at give aktuelle og nøjagtige oplysninger til e-bogens læsere. Forfatteren og hans bidragydere kan ikke holdes ansvarlige for eventuelle utilsigtede fejl eller udeladelser, der måtte blive fundet. Materialet i e-bogen kan indeholde oplysninger fra tredjeparter. Tredjepartsmateriale indeholder meninger udtrykt af deres ejere.

E-bogen er Copyright © 2023 med alle rettigheder forbeholdt. Det er ulovligt at viderdistribuere, kopiere eller skabe afledte værker fra denne e-bog helt eller delvist. Ingen del af denne rapport må reproduceres eller videredistribueres i nogen form uden udtrykkelig og underskrevet skriftlig tilladelse fra forfatteren.

INDHOLDSFORTEGNELSE

INDHOLDSFORTEGNELSE... **3**
INTRODUKTION **8**
SUPPER **9**
    1.   Koreansk-amerikansk bønnemassesuppe............................. 10
    2.   Koreansk-amerikansk tangsuppe 12
    3.   Rejer Rissuppe... 14
    4.   Tørret torskesuppe... 16
    5.   Oksebryst og indmadssuppe... 18
    6.   Sojaspiresuppe.. 20
    7.   Kylling og ginseng suppe.. 22
    8.   Ris- og oksekødsnudelsuppe.. 24
    9.   Koreansk-amerikansk knivskårne nudelsuppe.................... 26
    10.   Svinenakkesuppe.. 28
HOVEDRET... **31**
    11.   Gyeranbap med ristet tang... 32
    12.   Oksekød Bulgogi.. 34
    13.   Koreansk-amerikanske 36
    14.   Koreansk-amerikansk kylling.. 38
    15.   Koreansk-amerikansk bøf 40
    16.   Chap Chee nudler... 42
    17.   Koreansk-amerikansk krydret marineret svinekød........... 45
    18.   Koreansk-amerikansk marineret flanksteak...................... 47
    19.   Søde grillede lammekoteletter med krydderi................... 49
    20.   Koreansk-amerikanske stegte kyllingelår.......................... 51
    21.   Krydret koreansk-amerikansk kylling og kartoffel............ 53

NUDLER 55

22. Mung bønne Nudlesalat 56
23. Sød kartoffel vermicelli og oksekødssteg 59
24. Krydrede kolde nudler 62
25. Nudler med sort bønnesauce 64
26. Koreansk-amerikansk kyllingnudleskål 67
27. Krydrede nudler med æg og agurk 70
28. Koreansk-amerikanske kolde nudler 72
29. Krydret koreansk-amerikansk sneglesalat 74
30. Krydrede Soba-nudler 77
31. Koreansk-amerikanske nudler med grøntsager 80

GADEMAD OG MELLEMMÅLTID 82

32. Hotteok med grøntsager og nudler 83
33. Æggebrød 86
34. Varm og krydret riskage 88
35. Koreansk-amerikanske skaldyrspandekager 90
36. Vegansk Bulgolgi sandhex 93
37. Koreansk-amerikansk bacon og ægkage 96
38. Koreansk-amerikansk karryris 98
39. Zebra æggerulle 100
40. Koreansk-amerikanske komfuret valnøddekager 102
41. Gade Ristet brød sandhex 104
42. Friturestegte grøntsager 107

DESSERTER 110

43. Søde koreansk-amerikanske pandekager 111
44. Koreansk-amerikanske honningpocherede pærer 114
45. Koreansk-amerikansk mælkeissorbet 116
46. Koreansk-amerikanske riskagespyd 118

47.	Koreansk-amerikansk jordbær kiwi rullekage	120
48.	Koreansk-amerikansk Yakwa Dessert	123
49.	Koreansk-amerikansk tapiokabudding	126
50.	Koreansk-amerikansk krydret riskage	128
51.	Bagte pærer i Wonton chips og honning, kanel Mascarpone	130
52.	Sund sød riskage	132

VARM FROKOST **134**

53.	Kylling burrito skåle	135
54.	Kylling tikka masala	138
55.	Græske kyllingeskåle	141
56.	Koreansk-amerikanske måltid tilberedt oksekød skåle	144
57.	Mason jar kylling og ramen suppe	147
58.	Mason krukke Bolognese	149
59.	Mason jar lasagne	152
60.	Miso ingefær detox suppe	155
61.	Fyldte søde kartofler	157
62.	Koreansk-amerikansk kylling fyldte kartofler	159
63.	Grønkål og rød peber fyldte kartofler	161
64.	Sennep Kylling fyldte kartofler	163
65.	Sorte bønner og Pico de Gallo fyldte kartofler	165
66.	Zucchininudler med kalkunfrikadeller	168
67.	Nemme frikadeller	171
68.	3-ingrediens suppe	173
69.	Langsom Komfur Salsa Tyrkiet	175
70.	Burrito-skål-In-A-Jar	177

KOLD FROKOST **179**

| 71. | Carnitas måltidsskåle | 180 |
| 72. | Chicago hotdog salat | 182 |

73.	Fisk taco skåle	184
74.	Høst cobb salat	187
75.	Buffalo blomkål cobb salat	190
76.	Mason krukke rødbeder og rosenkål korn skåle	193
77.	Mason jar broccolisalat	196
78.	Mason jar kyllingesalat	198
79.	Mason krukke kinesisk kyllingesalat	200
80.	Mason jar niçoise salat	202
81.	Krydrede tun skåle	205
82.	Steak cobb salat	207
83.	Sød kartoffel nærende skåle	210
84.	Thai kylling buddha skåle	212
85.	Thai peanut kylling wraps	215
86.	Kalkun spinat nålehjul	218
87.	Kalkun taco salat	220
88.	Meget grøn mason jar salat	222
89.	Zucchini forårsrulle skåle	224

SALATER **226**

90.	Chili-lime grøntsager	227
91.	Citronpasta med broccoli og courgette	229
92.	Aubergine, kartoffel og kikærter	231
93.	Grønkålsslaw & cremet dressing	234
94.	Bruxelles, gulerod og grønt	236
95.	Broccoli blomkål stege	238
96.	Asparges og Zucchini Pasta	240
97.	Veggiefyldte tomater	242
98.	Auberginer Ratatouille	244
99.	**Svampe & spinat**	246

100.	Sort peber Citrus spinat	248
KONKLUSION		250

INTRODUKTION

Vi har alle favorit familieopskrifter. Nogle er blevet omhyggeligt gået i arv gennem generationer, mens andre i al hast får at vide over telefonen, efter at et yngre familiemedlem er flygtet fra reden. Det kan ofte være umuligt at lave retten helt som den er i din hukommelse; nogle gange kan ændringer foretages med vilje eller af nødvendighed, men uanset hvordan det udvikler sig gennem årene, forbliver rettens hjerte altid.

Disse koreansk-amerikanske opskrifter illustrerer, hvordan to forskellige madkulturer smeltet sammen skaber et opfindsomt hybridkøkken, der smager som hjemme.

SUPPER

1. Koreansk-amerikansk bønnemassesuppe

Forberedelsestid: 15 minutter
Tilberedningstid: 20 minutter
Portioner: 4 personer

INGREDIENSER
- 1 spsk hvidløgspasta
- 3½ dl vand
- ½ spsk dashi granulat
- 3 spiseskefulde koreansk-amerikansk bønnemasse
- 1 zucchini i tern
- ¼ pund friske svampe i kvarte
- 1/ spsk koreansk-amerikansk peberpasta
- 1 kartoffel, skrællet og skåret i tern
- 1 - 12-ounce pakke blød tofu, skåret i skiver
- 1 løg, i tern

VEJBESKRIVELSE
a) Tilsæt vandet i en stor gryde, tilsæt hvidløg, peber og ostemasse.
b) Varm op, indtil det koger, og fortsæt med at koge i 2 minutter for at hjælpe med at opløse pastaerne.
c) Tilsæt derefter kartofler, løg, zucchini og svampe, rør sammen, bring det i kog igen i yderligere 6 minutter.
d) Tilsæt til sidst tofuen, når denne er steget i størrelse og grøntsagerne er bløde, serveres i skålene og nydes.

2. Koreansk-amerikansk tangsuppe

Forberedelsestid: 15 minutter
Tilberedningstid: 30 minutter
Portioner: 4 personer

INGREDIENSER
- 2 tsk sesamolie
- 1-1 ounce pakke tørret brun tang
- 1½ spsk sojasovs
- ¼ pund oksekød top mørbrad, hakket
- 6 kopper vand
- 1 tsk salt
- 1 tsk hakket hvidløg

VEJBESKRIVELSE
a) Placer tangen i en beholder med vand og dæk til, lad den trække, indtil den bliver blød, og skær derefter i stykker på 2 tommer lange.
b) Sæt en pande på varme, kom derefter olie i, salt efter smag, oksekød og ½ spsk sojasovs, bland sammen under omrøring i 1 minut.
c) Bland derefter tangen i med resten af sojasovsen, kog i yderligere 1 minut.
d) Tilsæt nu 2 kopper vand og varm op til det begynder at koge.
e) Hæld hvidløget i med resten af vandet, når det koger igen, skrues ned for varmen og steges ved lav temperatur i 20 minutter.
f) Ret krydderierne og server.

3. Rejer Rissuppe

Forberedelsestid: 120 minutter
Tilberedningstid: 32 minutter
Portioner: 3 personer

INGREDIENSER
- 1 spsk sesamolie
- 2 kopper hvide ris
- 1 spsk risvin
- 9 ounce' rejer, afskallede og deveirede
- 12 kopper vand
- Krydder efter smag

VEJBESKRIVELSE
a) Tag risene og skyl dem, læg dem på siden i 120 minutter.
b) Tilsæt olien på en pande og opvarm, når de er varme, fald i rejerne med risvinen og kog i et minut, tilsæt derefter risene og steg dem i 1 minut mere.
c) Kom vandet i og varm op til det koger, når risene har udvidet sig til 3 gange størrelsen skrues ned for varmen.
d) Kog i yderligere 10 minutter.
e) Ret krydderierne og server, mens de stadig er varme.

4. Tørret torskesuppe

Forberedelsestid: 25 minutter
Tilberedningstid: 30 minutter
Portioner: 2 personer

INGREDIENSER

- 9 ounces blød tofu
- 2 - 3 kopper tørret sej
- 2 fed hvidløg, hakket
- 3 spidskål
- 3½ spsk sesamolie
- 3 ½ kop Dashida, koreansk suppefond
- Salt efter smag
- 1 æg
- 5 kopper vand
- Bønnespirer, hvis det ønskes
- Rød peberflager hvis det ønskes

VEJBESKRIVELSE

a) Skær fisken i tynde strimler, ca. 1,5 cm lange.
b) Varm olien op på en pande og steg fiskestrimlerne i 3 minutter.
c) Hæld dernæst vandet i med den koreansk-amerikanske bouillon og hvidløg, læg låg på og varm op til det koger, skru derefter ned for varmen.
d) Skær tofuen i ½ tomme stykker og kom den i gryden.
e) Hvis du bruger bønnespirer, tilsæt dem nu.
f) Læg låget på igen og kog i 15 minutter.
g) Pisk ægget i en lille skål.
h) Rør i suppen, bland godt, tilsæt nu spidskålen, skåret i 1 tomme længder.
i) Kog i yderligere 2 minutter og ret krydringen.
j) Skål varmt op.
k) Drys eventuelt med peberflager.
l) Kan spises med dampede ris.

5. Oksebryst og indmadssuppe

Forberedelsestid: 120 minutter
Tilberedningstid: 360 minutter
Portioner: 10 personer

INGREDIENSER
- 1 spidskål, hakket til hver serveringsskål
- 1 pakke oksehaleben inklusive kød, koreansk-amerikansk supermarked
- Krydder efter smag
- $1\frac{1}{2}$ liter vand

VEJBESKRIVELSE
a) Tilsæt oksehalen til en skål med vand og lad den trække, fjern det overskydende blod, skift vandet 2-3 gange.
b) Når de er klar, tilsæt knoglerne i en stor gryde og dæk dem med $1\frac{1}{2}$ liter vand.
c) Sæt på komfuret og kog mindst 6 timer, jo længere du tilbereder, jo bedre smag og kød.
d) Mens det koger, bliv ved med at skumme olien af, der vises på toppen, hold vandstanden på omkring 1 gallon, mens du laver mad.
e) Når den er færdig, skal farven se cremet ud.
f) Ret krydringen.
g) Servér i skåle med oksehale og drys de hakkede spidskål over toppen.

6. Sojaspiresuppe

Forberedelsestid: 10 minutter
Tilberedningstid: 30 minutter
Portioner: 2-3 personer

INGREDIENSER

- 1 spidskål, hakket
- 2 kopper sojabønnespirer
- 2 spsk sojasovs
- 2 fed hvidløg, hakket
- 5 kopper vand
- 1 spsk sesamolie
- 1 - 2 spsk røde peberflager, hvis det ønskes
- 1 tsk salt

VEJBESKRIVELSE

a) Rengør sojabønnespiren i vand, dræn derefter, fjern eventuelle uønskede dele.
b) Tilsæt olien i en gryde, og steg hvidløget, når det er varmt, tilsæt soyasovsen på samme tid, kog i 3 minutter.
c) Hæld vandet i og læg spirerne i og krydr, varm op til det begynder at koge.
d) Skru nu ned for varmen og kog på lavt niveau i 20 minutter med låg på.
e) Hvis du vil tilføje røde peberflager, skal du lægge disse i 5 minutter før afslutningen af tilberedningen.
f) Tag af varmen og anret i skåle med hakket spidskål over toppen.

7. Kylling og ginseng suppe

Forberedelsestid: 20 minutter
Tilberedningstid: 25 minutter
Portioner: 4 personer

INGREDIENSER
- 2 spsk hvidløg, hakket fint
- 1 tsk sesamfrø
- 2 spsk frisk ingefær, finthakket
- 8 kopper hønsebouillon
- 1 spsk sojasovs
- 1 - 2 tsk rød chilipeberpasta
- ½ kop ris
- 1 tsk ristet sesamolie
- 2 spidskål, hakket fint
- 1 kop strimlet kogt kylling

VEJBESKRIVELSE
a) Steg frøene i 1 minut, indtil de er gyldne i en tør stegepande, og læg dem derefter til side.
b) Brug en stor gryde til at tilsætte hvidløg, bouillon og ingefær og varme op til det koger.
c) Når det koger, blandes chilipasta, soja og sesamolie i.
d) Kom kyllingen i og varm op til den bliver varm.
e) Læg suppen i serveringsskålene og afslut med spidskål og frø ovenpå.

8. Ris- og oksekødsnudelsuppe

Forberedelsestid: 30 minutter
Tilberedningstid: 75 minutter
Portioner: 8 personer

INGREDIENSER

- $\frac{1}{2}$ hel koreansk-amerikansk radise
- $\frac{1}{2}$ pund okseribsbøf
- $\frac{1}{4}$ pund kinesiske nudler
- 1½ pund skank oksekød
- 5 fed hvidløg
- 1 spidskål, stor og hakket
- Krydder efter smag

VEJBESKRIVELSE

a) Tag oksekødet og skær det i mundrette stykker.
b) Skær radisen i to stykker.
c) Kog dem nu sammen i en stor gryde med 30 kopper vand, når det koger skru ned for varmen og lad det simre i 60 minutter.
d) Når kødet er mørt, tages det op af bouillonen, sammen med radisen, lad bouillonen køle af, og skum overskydende fedt af.
e) Når du kan håndtere radiseskiven i $\frac{1}{8}$ tykke skiver.
f) Læg kødet med radise i skiver tilbage i bouillonen og bring det i kog igen denne gang ved at tilføje nudlerne.
g) Kom spidskålene i og ret krydringen med salt og peber.
h) Server i suppeskåle og nyd.

9. Koreansk-amerikansk knivskårne nudelsuppe

Forberedelsestid: 15 minutter
Tilberedningstid: 25 minutter
Portioner: 4 personer

INGREDIENSER
½ tsk hakket hvidløg
4 ½ kopper tørret ansjos og tangfond eller vand
½ tsk fint havsalt
1 tsk sojasovs
Vand til at koge nudlerne
1,7 ounce gulerod, skåret i tynde strimler
10 ounce kalguksu eller ramen nudler
1,4 ounce' shitake-svampe, skåret i tynde skiver
3,5 ounce' zucchini, skåret i tynde skiver
3,5 ounce' rejer, hoved og hale fjernet, afveget
4,5 ounce friske eller frosne smallneck muslinger, renset
1 spidskål, hakket

VEJBESKRIVELSE
1. Sæt to gryder på komfuret, den ene med vand til nudlerne og varm op til det koger. Den anden bruger en stor gryde og tilsæt tangfond eller vand og bring det i kog.
2. Kog nudlerne i 3 minutter, sigt og skyl, når de er klar, og læg dem ved siden af.
3. Tilsæt gulerødder, champignon og zucchini i hovedgryden, kog i 2 minutter og kom derefter muslinger og rejer i yderligere 2 minutter.
4. Tilsæt til sidst nudlerne og rør sammen.
5. Når den er varm, server i skåle.
6. Bemærk. Hvis du bruger vand i stedet for bouillon, tilsæt ekstra sojasauce og krydderier for ekstra smag.

10. Svinenakkesuppe

Forberedelsestid: 120 minutter
Tilberedningstid: 120 minutter
Portioner: 4 personer

INGREDIENSER
1 lille løg
3-pund svinenakke
10 sorte peberkorn
1 tommelfinger størrelse stykke frisk ingefær, skrællet
3 spsk perilla frø pulver
10 fed hvidløg
3 spsk risvin
1 tsk malet ingefær
3 spiseskefulde koreansk-amerikansk rød peberpulver
3 spsk fiskesauce
4 små cremede kartofler, skrællede
1 bundt kinakål eller bok choy
5 spidskål, hakket
Krydder efter smag
10 perilla blade

VEJBESKRIVELSE
1. Læg svinekødet i vand og læg det i blød i 120 minutter, rens vandet efter 60 minutter.
2. Når du er klar, læg kødet i en stor gryde, dæk med vand og varm op til det koger, lad det koge i 6 minutter.
3. Si nu vandet fra og skyl kødet med koldt vand.
4. Rens ud i gryden, tilsæt derefter kødet igen og læg nok vand til lige til at dække det.
5. Drop hele løget, 4 fed hvidløg, ingefær og peberkorn i, varm dette op til det koger, skru ned for varmen til et simre og kog i 90 minutter.
6. Blend i mellemtiden risvin, perillafrøpulver, rød peber, fiskesauce, 6 fed hvidløg og ingefærpulver.
7. Når saucen er bland godt, lægges den til side.
8. Tag svinekødet ud af fonden, når det er klar, og læg det til side.
9. Fjern ingefær, løgpeberkorn og hvidløg, giv nu svinekødet tilbage.
10. Kom kartoflerne i med saucen og bland sammen, krydr og kog i yderligere 20 minutter.
11. Drop til sidst perillablade og kål, kog i 2-3 minutter.
12. Server i skåle med spidskål og sort peber på toppen.

HOVEDRET

11. Gyeranbap med ristet tang

Serverer 1

INGREDIENSER
- 1 kop kogte hvide ris, gerne friske
- 2 tsk ristet sesamolie
- ¾ tsk sojasovs plus mere efter smag
- 2 store æg
- 1 (5 gram) pakke gim, knust med hænderne
- Kapers, til servering
- Friskkværnet sort peber

Instruktioner
a) Tilføj risene til en mellemstor skål og stil til side.
b) Opvarm sesamolie og sojasovs over høj varme i en medium nonstick-gryde. Knæk i æggene. Reducer varmen, hvis sprøjtet er for meget, men ellers bare kog indtil hviderne er pudede op, let sprøde rundt om kanterne, og det hvide område omkring blommen ikke længere er flydende, ca. 1 minut (hvis din pande er varm nok; længere, hvis den ikke er det). Sojasaucen skulle også have plettet hviderne og boblet op og blive til en klistret glasur.
c) Skub spejlæg over risene, brus med gim og prik med et par kapers. Smag til med peber. Bland det hele sammen med en ske inden smagning. Det er her, du kan justere for krydderier og tilføje mere sojasovs efter behov.

12. Oksekød Bulgogi

Forberedelsestid: 10 minutter
Tilberedningstid: 5 minutter
Portioner: 4 personer

INGREDIENSER
- 2 ½ spsk hvidt sukker
- 1 pund flankebøf, skåret i tynde skiver
- ¼ kop spidskål, hakket
- 5 spsk sojasovs
- 2 spsk hakket hvidløg
- ½ tsk malet sort peber
- 2 spsk sesamolie
- 2 spsk sesamfrø

VEJBESKRIVELSE
a) Læg kødet i et lavt fad.
b) Blend sukker, hvidløg, sojasovs, sesamfrø og olie sammen med spidskål og sort peber i en skål.
c) Dryp over oksekødet og dæk fadet og lad det hvile i 60 minutter, jo længere jo bedre endda natten over, i køleskabet.
d) Når du er klar, opvarmer du grillen eller grillen og olier risten.
e) Når det er varmt, grilles kødet i 2 minutter på hver side og serveres.

13. Koreansk-amerikanske BBQ Kort Ribben

Forberedelsestid: 15 minutter
Tilberedningstid: 10 minutter
Portioner: 5 personer

INGREDIENSER
- 3 spsk hvid eddike
- ¾ kop sojasovs
- ¼ kop mørk brun farin
- ¾ kop vand
- 1 spsk sort peber
- 2 spsk hvidt sukker
- ¼ kop hakket hvidløg
- 3 punds korte ribben i koreansk-amerikansk stil, skåret på tværs af knoglerne
- 2 spsk sesamolie
- ½ stort løg, hakket

VEJBESKRIVELSE
a) Blend eddike, sojasovs og vand sammen i et glas eller rustfri skål.
b) Pisk nu de to sukkerarter, olie, løg, peber og hvidløg i, pisk indtil sukkeret er smeltet.
c) Læg ribbenene i saucen og dæk med husholdningsfilm, sæt dem i køleskabet i minimum 7 timer.
d) Varm havegrillen op, når den er klar til at lave mad.
e) Tag ribbenene ud af marinaden og grill i 6 minutter på hver side, disk op, når den er klar.

14. Koreansk-amerikansk kylling

Forberedelsestid: 45 minutter
Tilberedningstid: 20 minutter
Portioner: 4 personer

INGREDIENSER

- 2 spsk sesamfrø
- 1-3 pund hel kylling
- $\frac{1}{8}$ teskefuld salt
- $\frac{1}{4}$ kop sojasovs
- 1 spidskål, hakket
- $\frac{1}{8}$ teskefuld malet sort peber
- 1 fed hvidløg
- 1 spsk hvidt sukker
- 1 tsk jordnøddesmør
- 1 tsk mononatriumglutamat

VEJBESKRIVELSE

a) Tag kyllingen af knoglerne med en skarp kniv.
b) Skær kødet i 1,5 cm tykke skiver, 2 cm i firkant, læg kødet i en skål med sojasovsen.
c) Steg sesamfrøene i en tør stegepande, læg dem i en træskål, når de begynder at poppe, og tilsæt salt.
d) Dernæst knuses frøene med bagsiden af en ske.
e) Når det er blevet fint, tilsæt hvidløg, peber, sukker, løg, mononatrium og olie, bland godt sammen.
f) Bland kyllingen med sojasovsen og lad den marinere i 30 minutter.
g) Brug samme stegepande som tidligere og steg ved lav temperatur tildækket.
h) Når den bliver mør er den klar, du skal muligvis bruge lidt vand for at holde den fugtig under tilberedningen.

15. Koreansk-amerikansk bøf

Forberedelsestid: 20 minutter
Tilberedningstid: 10 minutter
Portioner: 6 personer

INGREDIENSER

- 5 spsk hvidt sukker
- 2 pund skotsk filet, skåret i tynde skiver
- 2 ½ spsk sesamfrø
- ½ kop sojasovs
- 2 fed hvidløg, knust
- 2 spsk sesamolie
- 5 spsk mirin, japansk sød vin
- 3 skalotteløg skåret i tynde skiver

VEJBESKRIVELSE

a) Blend sesamfrø og olie, hvidløg, sojasauce, skalotteløg, sukker og mirin sammen.
b) Læg kødet i saucen og bland i kødet, læg låg på og stil det i køleskabet i 12 timer.
c) Når den er klar, varm en stegepande op på middel varme og steg kødet i 6-8 minutter, eller indtil det er gennemstegt.
d) Skål op med stegte ris eller salat.

16. Chap Chee nudler

Forberedelsestid: 35 minutter
Tilberedningstid: 20 minutter
Portioner: 4 personer

INGREDIENSER
- 2 spidskål, hakket fint
- 1 spsk sojasovs
- 1 tsk sesamfrø
- 1 spsk sesamolie
- 1 fed hvidløg, hakket
- ¼ tsk sort peber
- 2 spiseskefulde vegetabilsk olie
- 1 tsk sukker
- ½ kop gulerødder i tynde skiver
- ½ pund top mørbrad oksekød, skåret i tynde skiver
- ¼ pund Napa-kål, skåret i skiver
- 3 ounce' cellofan nudler, gennemblødt i varmt vand
- ½ kop bambusskud i skiver
- 2 kopper frisk spinat, hakket
- 1 spsk sukker
- ¼ tsk sort peber
- 2 spsk sojasovs
- ½ tsk salt

VEJBESKRIVELSE

a) Brug en stor skål til at blande sesamolie og frø, spidskål 1 spsk sojasauce, tsk sukker, hvidløg og ¼ tsk peber.
b) Bland oksekødet i og lad det stå i 15 minutter i rummet.
c) Kom på en stor stegepande eller wok, hvis du har en til at varme op med lidt olie.
d) Steg oksekødet, indtil det bliver brunt, og tilsæt derefter kål, gulerødder, bambus og spinat, rør godt sammen.
e) Rør derefter nudlerne, 1 spsk sukker, peber, salt og 2 spsk soja i.
f) Bland godt og skru ned for varmen, kog til det hele er varmt.

17. Koreansk-amerikansk krydret marineret svinekød

Forberedelsestid: 45 minutter
Tilberedningstid: 15 minutter
Portioner: 8 personer

INGREDIENSER

- ½ kop koreansk-amerikansk peberpasta
- ¼ kop risvinseddike
- 3 spsk hakket hvidløg
- 2 spsk sojasovs
- 2 spsk rød peberflager
- 3 spsk hvidt sukker
- ½ tsk sort peber
- 3 spsk hakket frisk ingefær
- 3 spidskål, skåret i 2 tommer længder
- 1 - 2 pund stykke svinekam, skåret i ¼ tomme tykke skiver
- ½ gult løg, skåret i ¼ tomme tykke ringe
- ¼ kop rapsolie

VEJBESKRIVELSE

a) Blend soja, hvidløg, rød peberflager, sukker, spidskål, eddike, peberpasta, ingefær, gule løg og sort peber sammen.
b) Når det er godt blandet, tilsæt det skivede svinekød og smør saucen over svinekødet, og beklæd det godt.
c) Læg den i en Ziploc-pose og lad den hvile i køleskabet i 3 timer.
d) Når du er klar til at lave mad, tilsæt olien til en stegepande og steg i portioner ved middelvarme.
e) Når den er blevet gylden og ikke længere er lyserød i midten, lægges den på fade.
f) Server med ris og salat.

18. Koreansk-amerikansk marineret flanksteak

Forberedelsestid: 15 minutter
Tilberedningstid: 15 minutter
Portioner: 6 personer

INGREDIENSER
- 1 løg, hakket groft
- 4 fed hvidløg
- 2 ½ kopper sojasovs med lavt natriumindhold
- 1 tsk hakket frisk ingefær
- ¼ kop ristet sesamolie
- 2 spsk ukrydret kødmørningsmiddel
- 2 punds oksekødsflankebøf, trimmet
- 3 spsk Worcestershire sauce
- 1 kop hvidt sukker

VEJBESKRIVELSE
a) Kom ingefær, hvidløg og løg i en blender, tilsæt nu sesamolie, sukker, sojasauce, mørningsmiddel og Worcestershire, puls indtil glat.
b) Når den er klar tilsættes saucen i Ziploc-posen eller skålen, hvis du ikke har en.
c) Skær kødet ud med en kniv og læg det i marinaden, lad det stå i køleskabet natten over.
d) Varm den udvendige grill op og steg bøffen i 5-6 minutter på hver side, eller længere, hvis du ønsker det.
e) Tjene.

19. Søde grillede lammekoteletter med krydderi

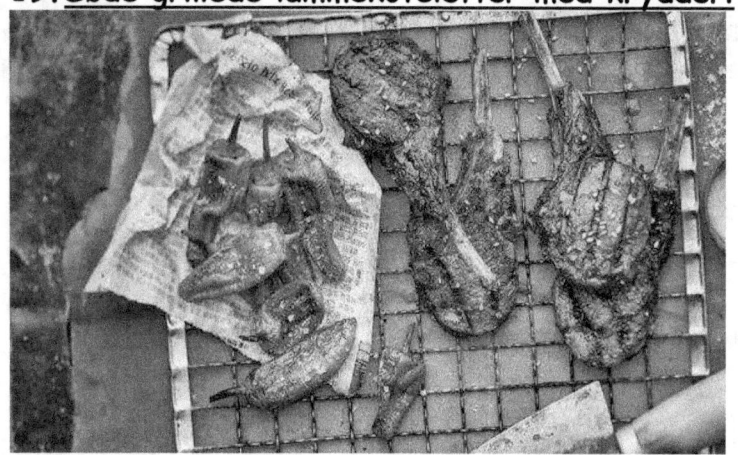

Forberedelsestid: 15 minutter
Tilberedningstid: 10 minutter
Portioner: 4 personer

INGREDIENSER
- 1 spsk koreansk-amerikansk sojabønnepasta
- 2 flydende ounces skyld
- 2 spsk mirin
- 1 ¼ ounce koreansk-amerikansk chilipasta
- 1 spsk sojasovs
- 1 spsk honning
- 1 spsk sesamolie
- 16 franske trimmede ribbenskoteletter
- 1 ½ tsk koreansk-amerikanske chiliflager
- Sesamfrø til servering
- Olie til madlavning

VEJBESKRIVELSE
a) Brug en skål til at blande bønnepastaen, sake, sojasauce, honning, chilipasta, mirin, sesamolie og chiliflager sammen, indtil det bliver glat.
b) Læg lammet i og smør saucen ud over dem.
c) Sæt husholdningsfilm over skålen og stil i køleskabet i minimum 4 timer.
d) Når du er klar til at lave mad, tænder du kulgrillen og smører grillen.
e) Dæk lammebenene i folie, så de ikke brænder på.
f) Kog dem i ca. 6-8 minutter, og vend dem halvvejs igennem tilberedningen.
g) Læg på serveringsfade og afslut med en drysning af sesamfrø.

20. Koreansk-amerikanske stegte kyllingelår

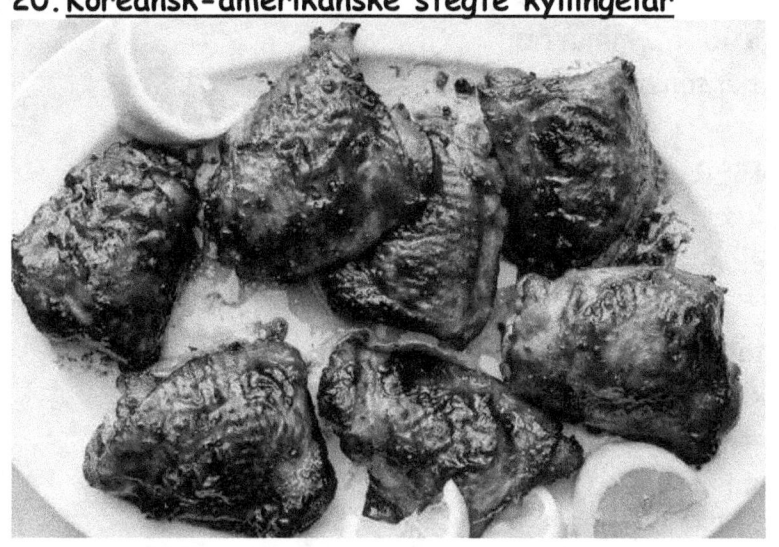

Forberedelsestid: 10 minutter
Tilberedningstid: 60 minutter
Portioner: 8 personer

INGREDIENSER

- ½ kop hakket spidskål
- 8 kyllingelår, skind på
- 3 spsk sesamolie
- ½ kop sojasovs
- 2 tsk hakket hvidløg
- ¼ tsk sort peber
- 3 spsk honning
- ¼ teskefuld malet ingefær

VEJBESKRIVELSE

a) Opvarm komfuret til 375°F.
b) Kom kyllingen med skindet ned i et bradefad.
c) Blend resten af ingredienserne sammen i en skål.
d) Hæld saucen over toppen af kyllingen og sæt den i ovnen.
e) Tilbered i ovnen uden låg i 45 minutter.
f) Vend nu kyllingen og steg i yderligere 15 minutter.
g) Server når den er gennemstegt.

21. Krydret koreansk-amerikansk kylling og kartoffel

Forberedelsestid: 15 minutter
Tilberedningstid: minutter
Portioner: 4 personer

INGREDIENSER
- 2 gulerødder, skåret i 2 tommer stykker eller brug hele 10 babygulerødder
- 2 ½ pund kyllingeinderlår eller kyllingestykker
- 1 stort løg, skåret i 8
- 2 store kartofler, skåret i store tern
- 1 grøn peberfrugt i tern
- ½ kop vand
- 2 spsk hvidt sukker
- 4 fed hvidløg, hakket
- ½ kop sojasovs
- 1 tsk frisk ingefær
- 3 spsk koreansk-amerikansk rød peberpasta eller anden varm sauce

VEJBESKRIVELSE
a) Tilsæt kylling, løg, kartofler, ingefær, gulerødder, hvidløg og sukker i en gryde og varm op, rør sammen.
b) Tilsæt sojasaucen med vandet, og bland derefter peberpastaen i.
c) Varm op til det begynder at koge, skru nu ned for varmen og kog på lavt niveau i 45 minutter.
d) Tag af, når kyllingesaften er klar.
e) Saucen vil tykne, når den begynder at køle af.

NUDLER

22. Mung bønne Nudlesalat

Forberedelsestid: 15 minutter
Tilberedningstid: 5 minutter
Portioner: 4 personer

INGREDIENSER
1 gulerod, skåret tyndt
½ kop mungbønnepulver
1 libanesisk agurk, barberet tyndt
1 spsk sesamolie
1 lang rød chili, skåret i tynde skiver
2 kopper mizuna eller krøllet endivie
Til dressingen
1 tsk sesamfrø, ristede
2 spsk sojasovs
2 tsk lys majssirup eller honning
1 tsk sesamolie
1 spsk brune ris eller hvid eddike
2 tsk rørsukker
1 tsk koreansk-amerikansk chilipulver
1 spidskål tynd skive

VEJBESKRIVELSE

1. Tilsæt bønnepulveret til 2 ¾ kopper vand, bland godt og lad det stå i 60 minutter ved siden af.
2. Når den er klar, tilsæt blandingen til en pande og opvarm, indtil den begynder at koge, mens du pisker hele tiden for at forhindre, at den brænder på.
3. Når det koger skru ned for varmen og kog i 2 minutter.
4. Når det bliver tykt, rør i sesamolie og 1 tsk salt.
5. Tag af varmen og hæld blandingen i en smurt kageform, 8 tommer rundt.
6. Sæt i køleskabet, indtil det bliver fast, omkring 60 minutter.
7. Når det er fast, skæres det i lange tynde strimler, dette gør nudlerne, lægges til side, når de er klar.
8. Dernæst placeres alle dressingens ingredienser i en skål og blandes godt.
9. Tilsæt mizuna, agurk, bønnenudler, chili og gulerod, vend forsigtigt sammen.
10. Server.

23. Sød kartoffel vermicelli og oksekødssteg

Forberedelsestid: 15 minutter
Tilberedningstid: 10 minutter
Portioner: 4 personer

INGREDIENSER

- 2 spsk sesamolie
- ½ pund okseøjefilet, skåret i tynde skiver
- 2 fed hvidløg, skåret i tynde skiver
- ⅓ kop sojasovs
- 1 spsk rørsukker
- 1 ½ kop blandede asiatiske svampe
- 5 tørrede shiitakesvampe
- 2 spiseskefulde vegetabilsk olie
- 1 gulerod, revet
- 2 løg, skåret i tynde skiver
- 1 spsk ristede sesamfrø
- ¼ pund sød kartoffel vermicelli, eller mung bønne vermicelli, kogt og drænet
- 3 kopper babyspinat, kun blade

VEJBESKRIVELSE

a) Kom oksekødet i en skål med sojasovsen, sukker, 2 tsk sesamolie og hvidløg, læg husholdningsplast over toppen og sæt det i køleskabet i 30 minutter.
b) Mens du venter, lægges de tørrede svampe i blød i 30 minutter i kogende vand, når de er færdige, drænes og skæres.
c) Læg derefter 1 spiseskefuld vegetabilsk olie i en stegepande eller wok med høje sider.
d) Når de er varme, sættes de blandede svampe, 1 tsk sesamolie og shiitakesvampene i, steges i 3 minutter under omrøring, og smages derefter.
e) Dræn nu oksekødet og behold marinaden ved siden af.
f) Genopvarm panden eller wokken med 1 tsk sesamolie og resten af vegetabilsk olie.
g) Steg løgene i 3-5 minutter, indtil de er gyldne, og kom derefter i gulerødderne, indtil de er møre.
h) Læg oksekødet i og steg i yderligere 2-3 minutter.
i) Tilsæt nu nudlerne, alle svampe, spinat og resten af sesamolien.
j) Hæld marinaden i og kog i yderligere 2 minutter.
k) Når alt er varmt, skål op og afslut med frøene over toppen.

24. Krydrede kolde nudler

Forberedelsestid: 15 minutter
Tilberedningstid: 10 minutter
Portioner: 4 personer

INGREDIENSER
- 2 fed hvidløg, knust
- 3 spiseskefulde koreansk-amerikansk gochujang, en varm krydret pasta
- 1 tommelfingerstørrelse stykke frisk ingefær, skrællet og revet
- ¼ kop risvinseddike
- 1 tsk sesamolie
- 4 radiser, skåret i tynde skiver
- 2 spsk sojasovs
- 4 æg, blødt pocheret
- 1 ½ kopper boghvede nudler, kogte, drænet og forfrisket
- 1 telegrafagurk, skåret i store stykker
- 2 teskefulde, 1 af hver sorte og hvide sesamfrø
- 1 kop kimchi

VEJBESKRIVELSE
1. Tilsæt den varme sauce, hvidløg, sojasauce, ingefær, vineddike og sesamolie i en skål og blend sammen.
2. Læg nudlerne i og bland godt, og sørg for, at de er dækket af saucen.
3. Placer i serveringsskålene, tilsæt nu radise, kimchi, æg og agurk til hver.
4. Afslut med en afpudsning af frøene.

25. Nudler med sort bønnesauce

Forberedelsestid: 30 minutter
Tilberedningstid: 25 minutter
Portioner: 3 personer

INGREDIENSER
- 1 kop zucchini, skåret i $\frac{1}{2}$ tomme stykker
- $\frac{1}{2}$ pund svinekød, skåret i $\frac{1}{2}$ tomme terninger
- 1 kop kartoffel, skrællet og skåret i $\frac{1}{2}$ tomme terninger
- 1 kop koreansk-amerikansk radise eller daikon, skåret i $\frac{1}{2}$ tomme terninger
- $1\frac{1}{2}$ dl løg, hakket groft
- 2 spsk kartoffelstivelsespulver blandet med $\frac{1}{2}$ kop vand
- 3 spiseskefulde vegetabilsk olie
- 1 tsk sesamolie
- 1 plus $\frac{1}{4}$ kop sorte bønnepasta
- $\frac{1}{2}$ kop agurk, skåret i tynde skiver, som tændstikker
- Vand
- Nudler eller ris til servering

VEJBESKRIVELSE
a) Tilsæt 1 spiseskefuld vegetabilsk olie til en dyb stegepande eller wok og varm op.
b) Når det er varmt steg svinekødet, indtil det er gyldent og sprødt, ca. 5 minutter, rør rundt under stegning.
c) Når det er færdigt, tag det overskydende svinefedt, læg nu radisen i og kog i 1 minut mere.
d) Næste drop i løg, kartofler og zucchini rør og steg i yderligere 3 minutter.
e) Skub nu alle ingredienserne til kanten af wokken og læg 2 spsk vegetabilsk olie i midten, tilsæt ¼ kop sorte bønnepasta, bland sammen og rør alt i fra kanterne.
f) Hæld 2 kopper vand i, dæk wokken og kog i 10 minutter.
g) Test grøntsagerne er kogte, tilsæt i så fald stivelsesvandet og rør til det bliver tykt.
h) Kom til sidst sesamfrø i og tag varmen af.
i) Server med risene eller nudlerne.

26. Koreansk-amerikansk kyllingnudleskål

Forberedelsestid: 30 minutter
Tilberedningstid: 10 minutter
Portioner: 4 personer

INGREDIENSER
1 - 1 tomme stykke frisk ingefær, revet
¼ kop tamari, mørk sojasauce
1 pund fuldkornsspaghetti
Krydder efter smag
2 store fed hvidløg, revet
2 spsk tomatpure
1 spsk sesamolie
3 spsk honning eller agavesirup
2 spsk risvinseddike
2 spsk tomatpure
2 spiseskefulde vegetabilsk olie
¼ lille kål, fintrevet
1 bundt spidskål, skåret i skiver
1 tsk varm sauce
Ristede sesamfrø til efterbehandling
1 pund kyllingelår eller -bryst, uden ben og skind, skåret i strimler
½ rød peberfrugt, skåret i tern

VEJBESKRIVELSE

1. Opvarm en gryde med kogende saltet vand og kog pastaen, hold den let sprød, ikke blød.
2. Tilsæt i mellemtiden ingefær, hvidløg, lidt kogende vand, salt, eddike, honning, sesamolie, tamari, hot sauce og tomatpuré i en blender, puls til en jævn masse.
3. Tilsæt vegetabilsk olie til wok eller stegepande og varm op.
4. Når de er varme, steges kyllingestrimlerne, indtil de er blevet gyldne i ca. 3 minutter. Tilsæt nu peberfrugt og kål i yderligere 2 minutter.
5. Næste dråbe i saucen og spidskål steg i yderligere 1 minut.
6. Læg kyllingen over nudlerne og afslut med frøene på toppen.
7. Server med ekstra varm sauce, hvis det ønskes.
8. Denne opskrift kan bruges med svinekød, hvis det kræves.

27. Krydrede nudler med æg og agurk

Forberedelsestid: 10 minutter
Tilberedningstid: 5 minutter
Portioner: 4 personer

INGREDIENSER
1 spsk koreansk-amerikansk chilipulver
1½ dl kimchi, hakket
1½ dl brune riseddike
2 spsk chilipasta
2 spsk flormelis
1 spsk sesamolie
¼ pund myeon nudler
1 spsk sojasovs
½ kop tyndt skåret kål eller salat
1 agurk, skåret tynde, skindet af
2 hårdkogte æg, halveret

VEJBESKRIVELSE
1. Blend chilipasta, sojasauce, kimchi, riseddike, sesamolie chilipulver og sukker med en skål, og læg ved siden af.
2. Læg nudlerne i kogende vand og kog i 3-4 minutter, når de er møre, genopfriskes under rindende koldt vand og afdrypning.
3. Placer de kolde eller kølige nudler i skålen med saucen og bland sammen.
4. Læg nudlerne i serveringsskålene og top med skåret agurk, 1 sesamblad, kålen eller salaten og afslut med halvdelen af et æg.

28. Koreansk-amerikanske kolde nudler

Forberedelsestid: 15 minutter
Tilberedningstid: 10 minutter
Portioner: 2 personer

INGREDIENSER

- 2 kopper oksebouillon
- ¼ pund boghvede nudler, naengyun ikke soba eller memil gooksu
- 1 spsk brunt rissukker
- 2 kopper hønsebouillon, usaltet
- 1 spsk brune riseddike
- 1 lille asiatisk pære, skær i meget tynde skiver
- 2 spsk hvidt sukker
- ½ koreansk-amerikansk agurk, udkernet og skåret i tynde strimler
- 1 hårdkogt æg
- Isterninger til servering
- ¼ kop syltede radise
- Tyndt skåret kogt bryst eller okseskank

VEJBESKRIVELSE

a) Blend okse- og hønsebouillon sammen, rør derefter eddike i og ret krydderier.
b) Stil blandingen i køleskabet til hvile i 30 minutter.
c) Kog imens nudlerne i kogende vand efter anvisningen på pakken.
d) Når den er færdig, genopfriskes den under rindende koldt vand og drænes.
e) Læg nudlerne i serveringsskålene.
f) Øs nu bouillonen frit over og læg isterninger til at dække nudlerne.

29. Krydret koreansk-amerikansk sneglesalat

Forberedelsestid: 20 minutter
Tilberedningstid: 10 minutter
Portioner: 3-4 personer

INGREDIENSER
- ½ løg, skåret i tynde skiver
- 1 stor eller 2 små dåser golbanygi, havsnegle
- ½ gulerod skåret i tændstik
- ¼ kål, skåret i tynde skiver
- 1 lille agurk, skåret i tynde skiver
- 2 spsk koreansk-amerikanske chiliflager
- 1 fed hvidløg, finthakket
- 2 spsk risvinseddike
- 2 spsk koreansk-amerikansk chilipasta
- 1 spiseskefuld koreansk-amerikansk blommeekstrakt
- 1 spidskål, hakket
- 1 spsk sukker
- 1 spsk ristede sesamfrø
- Koreansk-amerikanske tynde hvede nudler eller vermicelli

VEJBESKRIVELSE

a) Dræn havsneglene, men behold 1 spsk af saften, hvis stykkerne er store skåret i halve.
b) Brug en stor skål og tilsæt gulerødder, kål, agurk, snegle og løg, læg til side.
c) Tag derefter en mindre skål og blend chilipasta, sukker, hvidløg, chiliflager, blommeekstrakt, eddike, sneglejuice og sesamfrø til saucen.
d) Hæld grøntsagerne over og bland det godt sammen, stil i køleskabet, mens du koger nudlerne.

5. Tilsæt nudlerne til kogende vand og kog efter instruktionerne på pakken.
6. Når du er klar, genopfris under rindende vand og dræn.
7. Når du er klar til at servere, bland de to sammen og nyd.

30. Krydrede Soba-nudler

Forberedelsestid: minutter
Tilberedningstid: minutter
Portioner: 8-10 personer

INGREDIENSER
- ½ koreansk-amerikansk radise eller daikon, skåret i 2 tommer strimler, ½ tomme brede
- 1 pakke koreansk-amerikanske soba nudler
- 1 spsk salt
- 1 asiatisk agurk, halveret, kernet ud og skåret på skrå
- 2 spsk eddike
- 4 kogte æg, halveret
- 2 spsk sukker

TIL SAUSEN
- ¼ kop sojasovs
- ½ mellemstort løg, pillet og skåret i tern
- ½ kop vand
- 1 fed hvidløg
- ½ æble, skrællet og skåret i tern
- 3 spsk vand eller ananasjuice
- 3 skiver ananas svarende til æblet
- ⅓ kop brun farin
- 1 kop koreansk-amerikanske chiliflager
- 3 spsk honning
- ¼ kop hvidt sukker
- ½ tsk pulveriseret ingefær
- 1 spsk ristede sesamfrø
- 1 tsk salt
- 2 spsk sesamolie
- 1 tsk koreansk-amerikansk sennep eller dijon

VEJBESKRIVELSE

a) Gør saucen blande sammen i en gryde, sojasaucen med $\frac{1}{2}$ kop vand og kog op.
b) Når det koger, tag af varmen og lad det stå på den ene side.
c) Tilsæt løg, hvidløg, æble, ananas og 3 spsk vand eller juice til blenderen, puls indtil en puré er opnået.
d) Rør puréblandingen i soyasovsen og tilsæt resten af saucen Ingredienser.
e) Hæld blandingen i en beholder, der er lufttæt, og stil den i køleskabet i 24 timer.
f) Kom sukker, radise, salt og eddike sammen i en skål og lad det hvile i 15-20 minutter, efter at du har klemt den overskydende væske ud af blandingen.
g) Læg nudlen i kogende vand og kog efter instruktionerne, når den er færdig, genopfriskes den under koldt vand.
h) Ved servering tilsættes nudlen på fade, øs over 3 spsk sauce og afslut med radise og agurk på toppen.
i) Hvis nudlerne er lange, kan de klippes med en saks.

31. Koreansk-amerikanske nudler med grøntsager

Forberedelsestid: 15 minutter
Tilberedningstid: 20 minutter
Portioner: 4 personer

INGREDIENSER
3 spsk asiatisk sesamolie
6 ounce' tynde bønnetrådsnudler
3 spsk sukker
$\frac{1}{2}$ kop tamari
1 spsk tidselolie
1 spsk hakket hvidløg
3 mellemstore gulerødder, skåret i tændstikstave $\frac{1}{8}$ tykke
3 kopper babyspinat
1 mellemstor løg, skåret i $\frac{1}{8}$ skiver
$\frac{1}{4}$ pund champignon, skåret i $\frac{1}{8}$ skiver

VEJBESKRIVELSE
1. Placer nudlerne i vand og læg dem i blød i 10 minutter for at blive bløde, og dræn dem derefter.
2. Tilsæt nudlerne til kogende vand i 2 minutter, når de er blevet møre, drænes de og genopfriskes under koldt vand.
3. Kom sukker, sesamolie og hvidløg i en blender og pulsér, til det er glat.
4. Tilsæt derefter olien til 12-tommer stegepande, når det begynder at ryge, tilsæt gulerødder med løg og steg i 3 minutter.
5. Tilsæt nu svampene i yderligere 3 minutter, rør spinaten i i 30 sekunder, efterfulgt af nudlerne.
6. Dryp tamariblandingen i og vend sammen.
7. Skru ned for varmen og kog på lavt niveau i 4 minutter.
8. Serveres lun eller kold.

GADEMAD OG MELLEMMÅLTID

32. Hotteok med grøntsager og nudler

Forberedelsestid: 30 minutter
Tilberedningstid: 5 minutter
Portioner: 10 personer

INGREDIENSER
TIL DEJEN
- 2 tsk tørgær
- 1 kop varmt vand
- $\frac{1}{2}$ tsk salt
- 2 kopper universalmel
- 2 spsk sukker
- 1 spiseskefuld vegetabilsk olie

TIL FYLDET
- 1 spsk sukker
- 3 ounce sød kartoffelstivelse nudler
- $\frac{1}{4}$ tsk malet sort peber
- 2 spsk sojasovs
- 3 ounces asiatisk purløg, skåret småt
- 1 mellemstor løg, skåret i små tern
- 1 tsk sesamolie
- 3 ounce gulerod, skåret i små tern
- Olie til madlavning

VEJBESKRIVELSE

a) For at lave dejen, bland sukker, gær og varmt vand i en skål, bland indtil gæren er smeltet, bland nu 1 spsk vegetabilsk olie og salt, bland godt.
b) Rør melet i og bland til en dej, når den er jævn, lad den hvile i 1 ¼ time for at hæve, slå eventuel luft ud, mens den hæver, dæk til og læg til side.
c) Kog imens en gryde vand og kog nudlerne, rør rundt fra tid til anden, kog i 6 minutter med låg på.
d) Opfrisk under koldt vand, når de er blevet møre, og dræn dem derefter.
e) Skær dem i ¼ tomme stykker ved hjælp af en saks.
f) Tilsæt 1 spsk olie i en stor stegepande eller wok og steg nudlerne i 1 minut, tilsæt nu sukker, sojasovs og sort peber under omrøring.
g) Tilsæt purløg, gulerod og løg, og bland det godt sammen.
h) Tag af varmen, når du er færdig.
i) Læg derefter 1 spiseskefuld olie i en anden stegepande og opvarm, når den er varm, reducer varmen til medium.
j) Smør hånden med olie, tag ½ kop af dejen og tryk den til en flad rund form.
k) Tilføj nu lidt fyld og fold kanterne op til en kugle, og forsegl kanterne.
l) Placer i gryden med den forseglede ende nedad, kog i 30 sekunder, vend den derefter om og komprimer den ned, så den bliver omkring 4 tommer rund, gør dette med en spatel.
m) Kog i yderligere 2-3 minutter, indtil det bliver sprødt og gyldent over det hele.
n) Læg på køkkenpapir for at fjerne overskydende fedt og gentag med resten af dejen.
o) Serveres varm.

33. Æggebrød

Forberedelsestid: 10 minutter
Tilberedningstid: 15 minutter
Portioner: 3 personer

INGREDIENSER
- 3 spsk sukker
- 1 tsk bagepulver
- 1 spsk usaltet smør, smeltet
- $\frac{1}{2}$ kop universalmel
- En knivspids salt
- $\frac{1}{2}$ tsk vaniljeekstrakt
- 4 æg
- 1 stang mozzarellaost, skåret i 6 stykker
- $\frac{1}{2}$ kop mælk
- 1 tsk madolie

VEJBESKRIVELSE
a) Blend salt, mel, sukker, smør, vanilje, 1 æg, bagepulver og mælk sammen, pisk til det er glat
b) Opvarm komfuret til 400F, og smør 3 små brødforme med olie, formene skal være omkring 4×2×1 $\frac{1}{2}$ tommer.
c) Hæld dejen ligeligt i formene, fyld dem $\frac{1}{2}$ vej.
d) Læg 2 stykker ost i blandingen rundt om ydersiden, så midten er klar.
e) Derefter knækker du 1 æg i midten af hver dåse.
f) Tilbered i ovnen på den midterste rille i 13-15 minutter, alt efter hvordan du kan lide dit æg kogt.
g) Tag når den er klar og server varm.

34. Varm og krydret riskage

Forberedelsestid: 10 minutter
Tilberedningstid: 30 minutter
Portioner: 4-6 personer

INGREDIENSER

- 4 kopper vand
- 6×8-tommer tørret tang
- 1 pund cylinderformet riskage
- 7 store ansjoser, rensede
- ¼kop koreansk-amerikansk peberpasta
- 3 spidskål, skåret i 3 tommer længder
- 1 spsk sukker
- ½ pund fiskefrikadeller
- 1 spsk hot peber flager
- 2 hårdkogte æg

VEJBESKRIVELSE

a) Læg tang og ansjoser i en lav gryde med vand og varme, kog i 15 minutter uden låg.
b) Brug en lille skål til at blande peberflagerne sammen, og tilsæt sukkeret.
c) Tag tang og ansjoser ud af panden og kom riskage, peberblanding, spidskål, æg og fiskefrikadeller i.
d) Bouillonen skal være omkring 2 ½ kopper.
e) Når det begynder at koge, bland forsigtigt sammen og lad det tykne i 14 minutter, nu skulle det se skinnende ud.
f) Tilsæt lidt ekstra vand, hvis riskagen ikke er mør, og kog lidt længere.
g) Når den er klar, sluk for varmen og server.

35. Koreansk-amerikanske skaldyrspandekager

Forberedelsestid: 15 minutter
Tilberedningstid: 10 minutter
Portioner: 4-6 personer

INGREDIENSER
TIL Pandekagerne
- 2 mellemstore æg
- 2 kopper pandekageblanding, koreansk-amerikansk
- $\frac{1}{2}$ tsk salt
- $1\frac{1}{2}$ dl vand
- 2 ounces muslinger
- 12 mellemstore spidskålsrødder, skåret
- 2 ounce blæksprutte
- $\frac{3}{4}$ kop vegetabilsk olie
- 2 ounce' rejer, renset og afveget
- 4 mellemstore chilipeber, skåret i skiver

TIL SAUSEN
- 1 spsk eddike
- 1 spsk sojasovs
- 4 mellemstore chilipeber, skåret i skiver
- $\frac{1}{4}$ tsk hvidløg
- 1 spsk vand

VEJBESKRIVELSE

a) Tilsæt lidt salt til en skål med vand og vask og dræn fisk og skaldyr, læg ved siden af.
b) Dernæst blandes sammen med en separat skål, vand, røde og grønne chilier, sojasovs, hvidløg og eddike, lægges til side.
c) Brug en anden skål til at piske æggene, pandekageblandingen, koldt vand og salt sammen, indtil det er cremet glat.
d) Sæt på en stegepande smør lidt og varm op.
e) Brug et $\frac{1}{2}$ kop mål og hæld blandingen i den varme stegepande.
f) Sving rundt for at udjævne blandingen, læg nu 6 stykker spidskål ovenpå, tilsæt chili og skaldyr.
g) Tryk let maden ind i pandekagen, og tilsæt derefter endnu en $\frac{1}{2}$ kop af blandingen over toppen.
h) Kog indtil bunden er gylden, cirka 5 minutter.
i) Vend nu pandekagen forsigtigt, tilsæt lidt olie rundt om kanten og steg i yderligere 5 minutter.
j) Når det er færdigt, vendes det tilbage og tages ud af gryden.
k) Gør det samme med den resterende dej.

36. Vegansk Bulgolgi sandhex

Forberedelsestid: 20 minutter
Tilberedningstid: 5-8 minutter
Portioner: 4 personer

INGREDIENSER

- ½ mellemstort løg, skåret i skiver
- 4 små hamburgerboller
- 4 røde salatblade
- 2 kopper sojakrøller
- 4 skiver vegansk ost
- Økologisk mayonnaise

TIL MARINADEN

- 1 spsk sesamolie
- 2 spsk sojasovs
- 1 tsk sesamfrø
- 2 spsk agave eller sukker
- ½ tsk malet sort peber
- 2 spidskål, hakket
- ½ asiatisk pære, skåret i tern, hvis det ønskes
- ½ spsk hvidvin
- 1-2 grønne koreansk-amerikanske chilipeber i tern
- 2 fed hvidløg, knust

VEJBESKRIVELSE

a) Lav sojakrøllerne efter instruktionerne på pakken.
b) Læg derefter alle ingredienserne til marinaden sammen i en stor skål og blend til saucen.
c) Fjern vandet fra sojakrøllerne ved forsigtigt at klemme.
d) Tilsæt krøller med det snittede løg til marinadeblandingen og læg det hele over.
e) Tilsæt 1 spsk olie til den varme stegepande, tilsæt derefter hele blandingen og steg i 5 minutter, indtil løg og krøller er gyldne og saucen tykner.
f) Rist imens hamburgerbollerne med osten på brødet.
g) Smør mayonnaisen over, efterfulgt af krølleblandingen og afslut med salatblad på toppen.

37. Koreansk-amerikansk bacon og ægkage

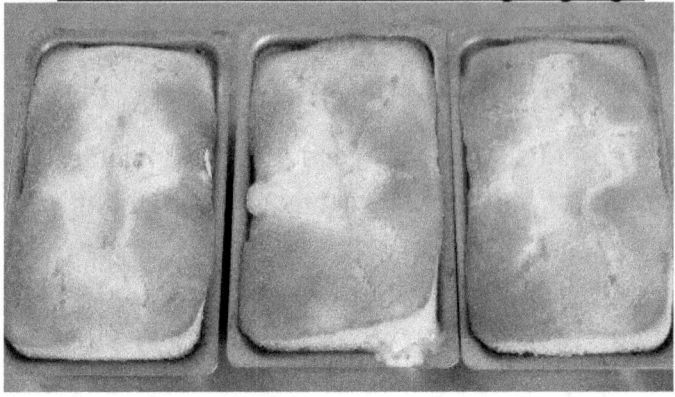

Forberedelsestid: 25 minutter
Tilberedningstid: 15 minutter
Portioner: 6 personer
INGREDIENSER
Til brødet
½ kop mælk
¾ kop selvhævende mel eller multimel med ¼ tsk bagepulver
4 tsk sukker
1 æg
1 tsk smør eller olivenolie
¼ tsk salt
¼ tsk vaniljeessens
Til fyldet
1 skive bacon
Salt efter smag
6 æg
VEJBESKRIVELSE
1. Opvarm komfuret til 375°F.
2. Blend sammen med en skål, ¼ tsk salt, mel og 4 tsk sukker.
3. Bræk ægget i blandingen og blend det godt sammen.
4. Hæld langsomt mælken i, en lille mængde ad gangen, indtil den bliver tyk.
5. Spray smør en bageform, og læg derefter melblandingen over formen og form den til 6 ovaler, eller du kan bruge kagepapirkopper.
6. Hvis du former, lav små fordybninger i hver enkelt og knæk et æg i hvert hul eller på toppen af hver kagekop.
7. Hak bacon og drys over hver enkelt, hvis du har persille ved hånden, tilsæt også lidt.
8. Kog i 12-15 minutter.
9. Tag ud og nyd.

38. Koreansk-amerikansk karryris

Forberedelsestid: 20 minutter
Tilberedningstid: 30 minutter
Portioner: 4 personer

INGREDIENSER
- 1 mellemstor gulerod, skrællet og skåret i tern
- 7 ounce oksekød i tern
- 2 løg, hakket
- 2 kartofler, skrællet og skåret i tern
- ½ tsk hvidløgspulver
- Krydder efter smag
- 1 mellemstor zucchini i tern
- Vegetabilsk olie til madlavning
- 4 ounces karrysauceblanding

VEJBESKRIVELSE
a) Kom lidt olie i en wok eller dyb pande og varm op.
b) Krydr oksekødet og læg olien under omrøring og kog i 2 minutter.
c) Tilsæt derefter løg, kartofler, hvidløgspulver og gulerødder, steg i yderligere 5 minutter, og tilsæt derefter zucchinien.
d) Hæld 3 kopper vand i og varm op til det begynder at koge.
e) Skru ned for varmen og kog på lavt niveau i 15 minutter.
f) Tilsæt langsomt karryblandingen, indtil den bliver tyk.
g) Hæld risene over og nyd.

39. Zebra æggerulle

Forberedelsestid: minutter
Tilberedningstid: minutter
Portioner: 1 person

INGREDIENSER
- ¼ tsk salt
- 3 æg
- Olie til madlavning
- 1 spsk mælk
- 1 ark tang

VEJBESKRIVELSE
a) Bræk tangpladen i stykker.
b) Bræk nu æggene i en skål og tilsæt saltet med mælken, pisk sammen.
c) Stil en stegepande på komfuret og varm op med lidt olie, det er bedre hvis du har en slip-let pande.
d) Hæld nok æg i til lige at dække bunden af gryden og drys derefter med tangen.
e) Når ægget er halvt kogt, rulles det sammen og skubbes til siden af gryden.
f) Derefter smøres igen, hvis det er nødvendigt, og varmen justeres, hvis det er for varmt, læg endnu et tyndt lag æg i og puds igen med frøene, rul nu det første hen over den, der koger, og læg på den anden side af gryden.
g) Gentag dette indtil ægget er færdigt.
h) Vend ud på et bord og skær.

40. Koreansk-amerikanske komfuret valnøddekager

Forberedelsestid: 10 minutter
Tilberedningstid: 10 minutter
Portioner: 12 personer

INGREDIENSER
- 1 dåse azuki røde bønner
- 1 kop pandekageblanding eller vaffelblanding
- 1 tsk vaniljeekstrakt
- 1 spsk sukker
- 1 pakke valnødder

VEJBESKRIVELSE
a) Lav pandekageblandingen i henhold til pakkens vejledning med det ekstra sukker.
b) Når blandingen er klar, placeres den i en beholder med en tud.
c) Hvis du ikke har 2 kageforme, kan du bruge muffinsforme, varme på komfuret ved lav varme, de brænder på høj.
d) Tilsæt blandingen til den første dåse, men fyld kun halvvejs.
e) Tilsæt hurtigt 1 valnød og 1 tsk røde bønner til hvert sted resten af blandingen i den anden dåse.
f) Vend derefter den første form over toppen af den anden, og sæt formene på linje, kog i yderligere 30 sekunder, når den anden form er kogt, tag varmen af.
g) Tag nu den øverste form af og tag kagerne ud på serveringsfadet.

41. Gade Ristet brød sandhex

Forberedelsestid: 15 minutter
Tilberedningstid: 8 minutter
Portioner: 2 personer

INGREDIENSER
- ⅔ kop kål, skåret i tynde strimler
- 4 skiver hvidt brød
- 1 spsk saltet smør
- ⅛ kop gulerødder, skåret i tynde strimler
- 2 æg
- ¼ tsk sukker
- ½ kop agurk, skåret i tynde skiver
- Ketchup efter smag
- 1 spsk madolie
- Mayonnaise efter smag
- ⅛ teskefuld salt

VEJBESKRIVELSE

a) I en stor skål knæk æggene sammen med saltet, tilsæt derefter gulerødder og kål, bland sammen.
b) Kom olien i en dyb pande og varm op.
c) Tilsæt halvdelen af blandingen til stegepanden og lav 2 brødforme, hold dem adskilt.
d) Tilsæt nu den resterende æggeblanding over toppen af de 2 i stegepanden, dette vil give en god form.
e) Kog i 2 minutter og vend derefter og kog i yderligere 2 minutter.
f) Opløs halvdelen af smørret i en separat gryde, når det er varmt, lægges to af brødskiverne i og vendes, så begge sider absorberer smørret, fortsæt med at stege, indtil det er gyldent på begge sider, ca. 3 minutter.

7. Gentag med de 2 andre skiver.
8. Placer på serveringsfade, når de er tilberedt, og tilsæt ½ sukker til hver.
9. Tag spejlægsblandingen og læg på brødet.
10. Tilsæt agurken og læg ketchup og mayonnaise på.
11. Læg den anden skive brød over toppen og skær den i to.

42. Friturestegte grøntsager

Forberedelsestid: minutter
Tilberedningstid: minutter
Portioner: 15 personer

INGREDIENSER
- 1 frisk rød chili, skåret i to fra top til bund
- 1 stor gulerod skrællet og skåret i $\frac{1}{8}$ stave
- 2 bundter enoki-svampe, adskilt
- 1 zucchini, skåret i $\frac{1}{8}$ stave
- 4 spidskål, skåret i 2 tommer længder
- 6 fed hvidløg, skåret i tynde skiver
- 1 mellemstor sød kartoffel, skåret i stave
- 1 mellemstor kartoffel, skåret i stave
- Vegetabilsk olie til stegning

TIL DEJEN
- $\frac{1}{4}$ kop majsstivelse
- 1 kop universalmel
- 1 æg
- $\frac{1}{4}$ kop rismel
- $1\frac{1}{2}$ dl iskoldt vand
- $\frac{1}{2}$ tsk salt

TIL SAUSEN
- 1 fed hvidløg
- $\frac{1}{2}$ kop sojasovs
- 1 spidskål
- $\frac{1}{2}$ tsk riseddike
- $\frac{1}{4}$ tsk sesamolie
- 1 tsk brun farin

VEJBESKRIVELSE

a) Sæt en gryde med vand i kog.
b) Læg gulerødderne og begge typer kartofler i vandet, tag af varmen og lad det stå i 4 minutter, tag derefter op af vandet skyl, afdryp og tør med køkkenpapir.
c) Blend spidskål, zucchini, hvidløg og rød peber sammen i en skål og vend godt rundt.
d) Til dejblandingen, alle de tørre ingredienser.
e) Pisk nu vand og æg sammen, tilsæt derefter de tørre ingredienser og bland det godt sammen til en dej.
f) Lav derefter saucen ved at piske sukker, eddike, soja og sesamolie sammen.
g) Skær spidskål og hvidløg i fine tern, og rør derefter i sojablandingen.
h) Tilføj nok olie til en wok eller dyb stegepande, olien skal være omkring 3 inches dyb.
i) Når olien er varm, før grøntsagerne gennem dejen, lad det overskydende dryppe af, og steg derefter i 4 minutter.
j) Afdryp og tør på køkkenpapir, når den er klar.
k) Server med saucen.

DESSERTER

43. Søde koreansk-amerikanske pandekager

Forberedelsestid: 25 minutter
Tilberedningstid: 6 minutter
Portioner: 8 personer

INGREDIENSER
1 spsk granuleret sukker
1 ¾ dl brødmel
2 ¼ tsk instant gær
1 ¼ kopper sødt rismel
1 spiseskefuld vegetabilsk olie
1 tsk salt
5 spsk olie, til stegning
1½ dl lunken mælk
Til fyldet
1 tsk kanel
⅔ kop brun farin
2 spsk finthakkede nødder, dit valg

VEJBESKRIVELSE

1. Blend gær, mel, sukker og salt med en stor skål, bland godt sammen.
2. Anbring nu 1 spsk olie i mælken og rør i den tørre blanding, pisk i 2 minutter, læg derefter et klæde over toppen og hvil i rummet i 60 minutter.
3. Når den er fordoblet i størrelse, banker du den tilbage og hviler igen i 15 minutter.
4. Blend imens fyldet Ingredienser og læg ved siden.
5. Del dejblandingen i 8 stykker, smør dine hænder og læg 1 stykke ad gangen i hånden og skub den ned for at danne en skive, omkring 4 tommer bred.
6. Tilsæt 1 ½ spsk af sukkerblandingen i midten, fold nu kanterne ind til midten og forsegl.
7. Tilsæt olien til stegepanden og opvarm på en medium til lav indstilling.
8. Placer kuglen i den varme olie med den forseglede side nedad, og tryk derefter ned for at flade ud, du kan bruge en spatel til dette.
9. Hvis du opdager huller, brug lidt dej til at lukke dem.
10. Kog i 3 minutter, vend en gang sprød og kog i yderligere 3 minutter.
11. Tag ud, når den er gylden.
12. Lad det køle lidt af inden du spiser, sukkercentret bliver varmt.

44. Koreansk-amerikanske honningpocherede pærer

Forberedelsestid: 5 minutter
Tilberedningstid: 20 minutter
Portioner: 4 personer

INGREDIENSER

- ½ ounce frisk ingefær, skrællet og skåret i tynde skiver
- 1 pund koreansk-amerikanske pærer, skrællet
- 24 sorte peberkorn
- 3 kopper vand
- 2 spsk sukker eller honning
- Pinjekerner til slut, hvis det ønskes

VEJBESKRIVELSE

a) Kom vandet i en gryde og tilsæt ingefæren, varm op til det koger og lad det stå i 6-8 minutter.
b) Skær imens pærerne i 8 skiver.
c) Skub nu 3 peberkorn ind i hver pæreskive, og sørg for, at de går lige ind og ikke falder ud.
d) Tag ingefæren op af vandet og kom sukker eller honning i og pærerne, lad det simre i 10 minutter.
e) Når den er klar, tages den ud og afkøles, og sættes derefter i køleskabet til afkøling.
f) Serveres kold eller kan serveres varm, hvis det ønskes, drys med nødder, hvis du bruger.

45. Koreansk-amerikansk mælkeissorbet

Forberedelsestid: 3 minutter
Tilberedningstid: 3 minutter
Portioner: 2 personer

INGREDIENSER

- 2 spsk mini mochi riskager
- 2 skeer sødet rødbønnepasta
- 4 teskefulde koreansk-amerikansk flerkornspulver
- 2-3 stykkers koreansk-amerikanske klæbrige riskager, overtrukket med ristet sojabønnepulver, skåret i $\frac{3}{4}$ tomme terninger
- 4 tsk naturlige mandelflager
- For isen
- 2 spsk kondenseret mælk, sødet
- 1 kop mælk

VEJBESKRIVELSE

a) Blend kondenseret mælk og mælk sammen i en kop med en læbe til hældning.
b) Læg blandingen i en isbakke og frys, indtil den bliver til isblokke, omkring 5 timer.
c) Når de er sat, skal du fjerne dem og placere dem i en blender, eller hvis du kan barbere dem, puls indtil glatte.
d) Læg alle ingredienserne i en serveringsskål, som er blevet afkølet.
e) Læg 3 spiseskefulde sorbet i bunden, og drys derefter med 1 tsk multikornpulver.
f) Tilsæt derefter yderligere 3 spiseskefulde af sorbeten, efterfulgt af mere kornpulver.
g) Læg nu riskager og bønnepasta ovenpå.
h) Drys med mandler og server.

46. Koreansk-amerikanske riskagespyd

Forberedelsestid: 10 minutter
Tilberedningstid: 10 minutter
Portioner: 4 personer

INGREDIENSER
TIL HOVEDMEN
- Olie til madlavning
- 32 stykkers koreansk-amerikanske riskager
- 2 spsk knuste nødder, dit valg eller sesamfrø

TIL SAUSEN
- 1 spsk honning
- 1½ spsk tomatsauce
- 1 tsk mørk brun farin
- 1 spsk koreansk-amerikansk chilipasta
- ½ spsk sojasovs
- ¼ teskefuld hakket hvidløg
- 1 tsk sesamolie

VEJBESKRIVELSE
a) Tilføj riskagerne til kogende vand for at blødgøre dem i kun 30 sekunder, skyl derefter under koldt vand og afdryp.
b) Brug køkkenpapir til at tørre dem for overskydende vand.
c) Sæt en anden gryde på komfuret og tilsæt saucen. Ingredienser, opvarm og rør for at smelte sukkeret eller honningen, fortsæt med at røre for at forhindre, at den brænder på, tag den af, når den er tyk.
d) Sæt kagerne på et spyd, og sørg for, at det passer ind i din stegepande.
e) Varm lidt olie op i en stegepande, læg den en gang varm i spyddene og steg i 1 minut.
f) Tag ud og smør saucen over det hele.
g) Afslut med sesamfrø eller nødder.

47. Koreansk-amerikansk jordbær kiwi rullekage

Forberedelsestid: 30 minutter
Tilberedningstid: 15 minutter
Portioner: 8 personer

INGREDIENSER
- 1 kop sukker
- 11 spiseskefulde universalmel
- 1 spsk vand
- 6 store æg
- 1 spsk varmt vand
- 2 kopper tung fløde
- 3 spiseskefulde vegetabilsk olie
- 1 tsk vaniljeekstrakt
- 1 kop jordbær, hakket
- 2 spsk honning
- 1 kop kiwi, hakket

VEJBESKRIVELSE

a) Opvarm komfuret til 375F, og læg bagepapir på en 16×11 bageplade.
b) Før melet gennem en sigte i en røreskål.
c) Pisk æggehviderne i 60 sekunder, indtil de er skummende, tilsæt derefter langsomt sukkeret og pisk, indtil det når toppen, hvis du har en elektrisk røremaskine, ville dette være bedre.
d) Tilsæt derefter forsigtigt blommerne en efter en pisk i 60 sekunder mellem tilsætning, når alle er i, tilsæt vand og olie, pisk igen i 10 sekunder.
e) Bland nu melet langsomt i og blend det godt sammen.
f) Tilsæt kageblandingen til bagepladen og slip pladen et par gange for at slå eventuel luft ud.
g) Bag i ovnen i 12-15 minutter.
h) Når den er klar, tages den ud og lægges bagepapir ovenpå, vend den ud, tag papiret af bunden og læg det på en rist.
i) Mens den forbliver varm, rul den sammen med bagepapir, og lad den blive inde i kagerullen.
j) Lad det køle af i yderligere 10 minutter.
k) Mens du venter, bland honning og vand sammen og læg ved siden af.
l) Pisk fløden med vanilje og resten af sukkeret, indtil det topper.
m) Tag derefter kagen og rul den ud, tag papiret ud og klip den ene ende på skrå for at få et finishudseende.
n) Smør honningen ud over kagen efterfulgt af cremen.
o) Tilsæt kiwi og jordbær, rul det derefter sammen, hold det rundt ved at lægge bagepapir udenpå.
p) Stil i køleskabet i 20 minutter for at holde formen.
q) Tag skive og server.

48. Koreansk-amerikansk Yakwa Dessert

Forberedelsestid: 25 minutter
Tilberedningstid: 35 minutter
Portioner: 6-8 personer

INGREDIENSER
- ¼ kop soju
- 2 ¼ kopper wienerbrødsmel eller medium proteinmel
- ¼ kop honning
- ¼ kop sesamolie
- 1 tsk bagepulver
- 2 spsk hakkede pinjekerner
- ⅛ teskefuld salt
- 2 spsk smeltet smør
- ¼ teskefuld bagepulver
- Til siruppen
- 2 kopper vand
- 1 kop rissirup
- 1 spsk frisk revet ingefær
- 1 kop honning

VEJBESKRIVELSE

a) Opvarm komfuret til 250F.
b) Kom salt, bagepulver, pulver og mel i en skål og bland det sammen.
c) Tilsæt nu sesamolien og brug hænderne til at blende sammen.
d) Brug en mindre skål til at blande honning og soju sammen, tilsæt derefter dejblandingen, bland forsigtigt i.
e) Når du har fået dejen del i 2 stykker.
f) Læg 1 halvdel på en bordplade og rul ud til $\frac{1}{4}$ tomme tykt rektangel.
g) Skær i 1×1 tomme stykker eller kan skæres diagonalt for at danne diamanter.
h) Sæt huller i toppen med en gaffel og smør toppen af hver.
i) Læg på bageplade og bag i ovnen i 15 minutter.
j) Tilsæt imens honning, vand og rissirup til en gryde eller stegepande og varm under omrøring til kog, sluk derefter for varmen og rør ingefæren i, lad den stå ved siden af.
k) Skru op for komfuret til 300F og i yderligere 10 minutter.
l) Sæt nu for sidste gang komfuret på 350F og kog i yderligere 7 minutter, eller indtil det bliver gyldenbrunt.
m) Når du har taget dem ud, læg dem straks i siruppen og lad dem stå i $\frac{1}{2}$ time, jo længere jo bedre.
n) Tag ud ved servering og drys med pinjekerner.

49. Koreansk-amerikansk tapiokabudding

Forberedelsestid: minutter
Tilberedningstid: minutter
Portioner: 6 personer

INGREDIENSER
$2\frac{1}{2}$ store æggeblommer
3 kopper sødmælk
$\frac{1}{4}$ kop sukker
½kop små tapiokaperler
1 vaniljestang
$\frac{1}{4}$ tsk ren vaniljeekstrakt
3 spiseskefulde koreansk-amerikansk honning-citron te
$\frac{1}{2}$ tsk salt

VEJBESKRIVELSE
1. Placer mælken i en 4-kopsholder, tilsæt $\frac{3}{4}$ kop til en pande med en tung bund og kom tapiokaen i, lad stå i 60 minutter.
2. Pisk æggeblommer, sukker og salt sammen, skær vaniljefrøet op og fjern frøene, tilsæt disse i 4-kopsholderen.
3. Når tapiokaen er klar, blandes cremeblandingen i og sættes på komfuret, indtil det koger, glem ikke at røre.
4. Når det koger skru ned for varmen og lad det simre i 20 minutter.
5. Tag af varmen og bland vaniljeekstrakten med den koreansk-amerikanske te.
6. Server når den er klar.

50. Koreansk-amerikansk krydret riskage

Forberedelsestid: minutter
Tilberedningstid: minutter
Portioner: 1 person

INGREDIENSER
- 2 tsk sukker
- 1 kop riskage
- 1 tsk sojasovs
- 2 tsk koreansk-amerikansk krydret bønnepasta
- Sesamfrø til efterbehandling
- ¾ kop vand

VEJBESKRIVELSE
a) Kom vandet i en gryde med bønnepasta og sukker, varm op til det koger.
b) Kom nu riskagen i, skru ned for varmen og kog på lavt niveau i 10 minutter.
c) Server når den er klar.

51. Bagte pærer i Wonton chips og honning, kanel Mascarpone

Forberedelsestid: 20 minutter
Tilberedningstid: 45 minutter
Portioner: 4 personer

INGREDIENSER

- $\frac{1}{2}$ tsk stødt kanel, delt
- 2 koreansk-amerikanske pærer
- $\frac{1}{2}$ kop plus 1 spsk honning, delt
- 4 - 6×6 wonton indpakninger
- $\frac{1}{4}$ kop mascarpone
- $1\frac{1}{2}$ spsk smeltet usaltet smør

VEJBESKRIVELSE

a) Opvarm komfuret til 375°F og beklæd en bageplade med bagepapir.
b) Skær $\frac{1}{2}$ tomme af bunden og toppen af pæren.
c) Skræl dem nu og skær gennem midten vandret, tag frøene ud
d) Placer indpakningen på en tør, flad overflade, tilsæt den halve pære til hver indpakning og drys med kanel, og drys derefter lidt honning over ca. 1 spsk.
e) Løft hjørnerne og forsegl med honningen.
f) Sæt disse på bagepladen og bag dem i ovnen i 45 minutter, hvis kagefarverne er for meget, skal de blot dækkes med lidt folie.
g) Blend resten af honning, kanel og mascarpone sammen til en jævn blanding.
h) Server pakkerne med mascarponen.

52. Sund sød riskage

Forberedelsestid: minutter
Tilberedningstid: minutter
Portioner: 10 personer

INGREDIENSER
- ½ kop tørret kabocha eller anden type græskar
- 1 kop udblødte sorte sojabønner
- 10 kastanjer i kvarte
- 12 tørrede dadler
- ½ kop valnødder i kvarte
- ⅓ kop mandelmel
- 5 kopper frosset vådt sødt rismel, optøet
- 3 spsk sukker

VEJBESKRIVELSE
a) Vask græskarrehydreringen med en spiseskefuld vand, tilsæt mere, hvis det er nødvendigt for at gøre det blødt.
b) Brug en stor skål til at blande sukker, mandelmel og rismel sammen, bland godt sammen.
c) Tilsæt nu 2 spsk vand og brug hænderne til at gnide sammen, prøv at gøre det klumpfrit.
d) Bland derefter resten af ingredienserne i og rør sammen.
e) Sæt en dampkoger på komfuret, og brug en våd klud til at beklæde kurven.
f) Tilsæt blandingen med en stor ske og jævn ud, læg et klæde over toppen og damp i ½ time.
g) Tag den ud, når den er klar og afkøl, når du kan håndtere den, vend den ud og vend den på en arbejdsflade.
h) Tag klædet af og skær og form i serveringsedrik.

VARM FROKOST

53. Kylling burrito skåle

INGREDIENSER
Chipotle flødesauce
- ½ kop fedtfri græsk yoghurt
- 1 chipotle peber i adobo sauce, hakket eller mere efter smag
- 1 fed hvidløg, hakket
- 1 spsk friskpresset limesaft

Burrito skål
- ⅔ kop brune ris
- 1 spsk olivenolie
- 1-pund stødt kylling
- ½ tsk chilipulver
- ½ tsk hvidløgspulver
- ½ tsk stødt spidskommen
- ½ tsk tørret oregano
- ¼ teskefuld løgpulver
- ¼ tsk paprika
- Kosher salt og friskkværnet sort peber efter smag
- 1 (15-ounce) dåse sorte bønner, drænet og skyllet
- 1 ¾ kopper majskerner (frosne, dåse eller ristede)
- ½ kop pico de gallo (hjemmelavet eller købt i butikken)

VEJBESKRIVELSE

a) Til Chipotle-Flødesaucen: Pisk yoghurt, chipotlepeber, hvidløg og limesaft sammen. Dæk til og stil på køl i op til 3 dage.
b) Kog risene efter pakkens anvisninger i en stor gryde med 2 dl vand; sæt til side.
c) Opvarm olivenolien i en stor gryde eller hollandsk ovn over medium-høj varme. Tilsæt den malede kylling, chilipulver, hvidløgspulver, spidskommen, oregano, løgpulver og paprika; smag til med salt og peber. Kog indtil kyllingen er brunet, 3 til 5 minutter, og sørg for at smuldre kyllingen, mens den tilberedes; dræn overskydende fedt.
d) Fordel ris i måltidsbeholdere. Top med malet kyllingeblanding, sorte bønner, majs og pico de gallo. Holder sig tildækket i køleskabet i 3 til 4 dage. Dryp med chipotle-flødesauce. Pynt med koriander og limebåd, hvis det ønskes, og server. Genopvarm i mikrobølgeovnen i 30 sekunders intervaller, indtil den er gennemvarmet.

54. Kylling tikka masala

INGREDIENSER
- 1 kop basmatiris
- 2 spsk usaltet smør
- 1 ½ pund udbenet, skindfri kyllingebryst, skåret i 1-tommers stykker
- Kosher salt og friskkværnet sort peber efter smag
- 1 løg, i tern
- 2 spsk tomatpure
- 1 spsk friskrevet ingefær
- 3 fed hvidløg, hakket
- 2 tsk garam masala
- 2 tsk chilipulver
- 2 tsk stødt gurkemeje
- 1 (28-ounce) dåse tomater i tern
- 1 kop hønsefond
- ⅓ kop tung fløde
- 1 spsk frisk citronsaft
- ¼ kop hakkede friske korianderblade (valgfrit)
- 1 citron, skåret i tern (valgfrit)

VEJBESKRIVELSE

a) Kog risene efter pakkens anvisninger i en stor gryde med 2 dl vand; sæt til side.
b) Smelt smørret i en stor gryde ved middel varme. Krydr kyllingen med salt og peber. Tilsæt kyllingen og løget til gryden og steg, omrør lejlighedsvis, indtil de er gyldne, 4 til 5 minutter. Rør tomatpuré, ingefær, hvidløg, garam masala, chilipulver og gurkemeje i, og kog indtil det er godt blandet, 1 til 2 minutter. Rør de hakkede tomater og hønsefond i. Bring i kog; reducer varmen og lad det simre under omrøring af og til, indtil det er let tyknet, cirka 10 minutter.
c) Rør fløde, citronsaft og kylling i, og kog indtil det er gennemvarmet, cirka 1 minut.
d) Placer ris- og kyllingblandingen i måltidsbeholdere. Pynt med koriander og citronskive, hvis det ønskes, og server. Holder sig tildækket i køleskabet i 3-4 dage. Genopvarm i mikrobølgeovnen i 30 sekunders intervaller, indtil den er gennemvarmet.

55. Græske kyllingeskåle

INGREDIENSER
Kylling og ris
- 1 pund udbenet, skindfri kyllingebryst
- ¼ kop plus 2 spsk olivenolie, delt
- 3 fed hvidløg, hakket
- Saft af 1 citron
- 1 spsk rødvinseddike
- 1 spsk tørret oregano
- Kosher salt og friskkværnet sort peber efter smag
- ¾ kop brune ris

Agurkesalat
- 2 engelske agurker, skrællet og skåret i skiver
- ½ kop rødløg i tynde skiver
- Saft af 1 citron
- 2 spsk ekstra jomfru olivenolie
- 1 spsk rødvinseddike
- 2 fed hvidløg, presset
- ½ tsk tørret oregano

Tzatziki sauce
- 1 kop græsk yoghurt
- 1 engelsk agurk, fint skåret
- 2 fed hvidløg, presset
- 1 spsk hakket frisk dild
- 1 tsk revet citronskal
- 1 spsk friskpresset citronsaft
- 1 tsk hakket frisk mynte (valgfrit)
- Kosher salt og friskkværnet sort peber efter smag
- 2 spsk ekstra jomfru olivenolie
- 1½ pund cherrytomater, halveret

VEJBESKRIVELSE

a) TIL KYLLINGEN: Kombiner kyllingen, ¼ kop olivenolie, hvidløg, citronsaft, eddike og oregano i en ziplock-pose i gallonstørrelse; smag til med salt og peber. Mariner kyllingen i køleskabet i mindst 20 minutter eller op til 1 time, vend posen af og til. Dræn kyllingen og kassér marinaden.

b) Opvarm de resterende 2 spsk olivenolie i en stor stegepande over medium-høj varme. Tilsæt kyllingen og steg, vend én gang, indtil den er gennemstegt, 3 til 4 minutter på hver side. Lad afkøle, inden du skærer dem i mundrette stykker.

c) Kog risene i en stor gryde med 2 dl vand efter anvisningen på pakken.

d) Fordel ris og kylling i måltidsbeholdere. Holder sig tildækket i køleskabet i op til 3 dage.

e) TIL AGURKSALAT: Kom agurker, løg, citronsaft, olivenolie, eddike, hvidløg og oregano i en lille skål. Dæk til og stil på køl i op til 3 dage.

f) TIL TZATZIKISAUCEN: Kom yoghurt, agurk, hvidløg, dild, citronskal og saft og mynte (hvis du bruger) i en lille skål. Smag til med salt og peber og dryp med olivenolie. Dæk til og stil på køl i mindst 10 minutter, så smagene smelter sammen. Kan opbevares på køl 3 til 4 dage.

g) For at servere skal du genopvarme ris og kylling i mikrobølgeovnen i 30 sekunders intervaller, indtil de er gennemvarme. Top med agurkesalat, tomater og Tzatziki sauce og server.

56. Koreansk-amerikanske måltid tilberedt oksekød skåle

INGREDIENSER
- ⅔ kop hvide eller brune ris
- 4 mellemstore æg
- 1 spsk olivenolie
- 2 fed hvidløg, hakket
- 4 kopper hakket spinat

Koreansk-amerikansk oksekød
- 3 spsk pakket brun farin
- 3 spiseskefulde sojasovs med reduceret natrium
- 1 spsk friskrevet ingefær
- 1½ tsk sesamolie
- ½ tsk sriracha (valgfrit)
- 2 tsk olivenolie
- 2 fed hvidløg, hakket
- 1 pund hakket oksekød
- 2 grønne løg, i tynde skiver (valgfrit)
- ¼ tsk sesamfrø (valgfrit)

VEJBESKRIVELSE

a) Kog risene efter pakkens anvisninger; sæt til side.
b) Læg æggene i en stor gryde og dæk med koldt vand med 1 tomme. Bring i kog og kog i 1 minut. Dæk gryden med et tætsluttende låg og tag af varmen; lad sidde i 8 til 10 minutter. Dræn godt af og lad afkøle, inden du skræller og skærer i halve.
c) Varm olivenolien op i en stor stegepande ved middelhøj varme. Tilsæt hvidløg og kog under jævnlig omrøring, indtil dufter, 1 til 2 minutter. Rør spinaten i og kog indtil den er visnet, 2 til 3 minutter; sæt til side.
d) Til oksekødet: I en lille skål piskes brun farin, sojasauce, ingefær, sesamolie og sriracha sammen, hvis du bruger det.
e) Varm olivenolien op i en stor stegepande ved middelhøj varme. Tilsæt hvidløg og steg under konstant omrøring, indtil det dufter, cirka 1 minut. Tilsæt hakket oksekød og kog indtil brunet, 3 til 5 minutter, og sørg for at smuldre oksekødet, mens det koger; dræn overskydende fedt. Rør sojasovsblandingen og de grønne løg i, indtil de er godt blandet, og lad dem simre, indtil de er gennemvarme, cirka 2 minutter.
f) Placer ris, æg, spinat og hakkebøf blandingen i måltidsforberedelsesbeholdere og pynt med grønne løg og sesamfrø, hvis det ønskes. Holder sig tildækket i køleskabet i 3-4 dage.
g) Genopvarm i mikrobølgeovnen i 30 sekunders intervaller, indtil den er gennemvarmet.

57. Mason jar kylling og ramen suppe

INGREDIENSER
- 2 (5,6 ounce) pakker nedkølede yakisoba nudler
- 2 ½ spsk reduceret natrium vegetabilsk bouillon base koncentrat (vi kan lide bedre end bouillon)
- 1 ½ spsk sojasovs med reduceret natrium
- 1 spsk risvinseddike
- 1 spsk friskrevet ingefær
- 2 tsk sambal oelek (kværnet frisk chilipasta) eller mere efter smag
- 2 tsk sesamolie
- 2 kopper rester af revet rotisserie kylling
- 3 kopper babyspinat
- 2 gulerødder, skrællet og revet
- 1 kop shiitakesvampe i skiver
- ½ kop friske korianderblade
- 2 grønne løg, skåret i tynde skiver
- 1 tsk sesamfrø

VEJBESKRIVELSE
a) Kog yakisobaen i en stor gryde med kogende vand, indtil den er løsnet, 1 til 2 minutter; dræn godt af.
b) Kombiner bouillonbasen, sojasovsen, eddike, ingefær, sambal oelek og sesamolie i en lille skål.
c) Fordel bouillonblandingen i 4 (24-ounce) bredmundede glaskrukker med låg eller andre varmebestandige beholdere. Top med yakisoba, kylling, spinat, gulerødder, champignon, koriander, grønne løg og sesamfrø. Dæk til og stil på køl i op til 4 dage.
d) For at servere, afdæk en krukke og tilsæt nok varmt vand til at dække indholdet, ca. 1 ¼ kopper. Mikrobølgeovn, afdækket, indtil den er opvarmet, 2 til 3 minutter. Lad stå i 5 minutter, rør for at kombinere, og server straks.

58. Mason krukke Bolognese

INGREDIENSER

- 2 spsk olivenolie
- 1 pund hakket oksekød
- 1 pund italiensk pølse, tarme fjernet
- 1 løg, hakket
- 4 fed hvidløg, hakket
- 3 (14,5 ounce) dåser hakkede tomater, drænet
- 2 (15-ounce) dåser tomatsauce
- 3 laurbærblade
- 1 tsk tørret oregano
- 1 tsk tørret basilikum
- ½ tsk tørret timian
- 1 tsk kosher salt
- ½ tsk friskkværnet sort peber
- 2 (16 ounce) pakker fedtfattig mozzarellaost, i tern
- 32 ounce ubehandlet fuldkornsfusilli, kogt i henhold til pakkens instruktioner; omkring 16 kopper kogt

VEJBESKRIVELSE

a) Varm olivenolien op i en stor stegepande ved middelhøj varme. Tilsæt hakkebøffer, pølse, løg og hvidløg. Kog indtil brunet, 5 til 7 minutter, og sørg for at smuldre oksekødet og pølsen, mens det tilberedes; dræn overskydende fedt.
b) Overfør hakkebøfblandingen til en 6-quart langsom komfur. Rør tomater, tomatsauce, laurbærblade, oregano, basilikum, timian, salt og peber i. Dæk til og kog ved svag varme i 7 timer og 45 minutter. Tag låget af og drej slowcookeren til høj. Fortsæt med at koge i 15 minutter, indtil saucen er tyknet. Kassér laurbærbladene og lad saucen køle helt af.
c) Fordel saucen i 16 (24-ounce) bredmundede glaskrukker med låg eller andre varmebestandige beholdere. Top med mozzarella og fusilli. Stil på køl i op til 4 dage.
d) For at servere, mikroovn, afdækket, indtil det er opvarmet, cirka 2 minutter. Rør for at kombinere.

59. Mason jar lasagne

INGREDIENSER
- 3 lasagne nudler
- 1 spsk olivenolie
- ½ pund stødt mørbrad
- 1 løg, i tern
- 2 fed hvidløg, hakket
- 3 spsk tomatpure
- 1 tsk italiensk krydderi
- 2 (14,5 ounce) dåser hakkede tomater
- 1 mellemstor zucchini, revet
- 1 stor gulerod, revet
- 2 kopper strimlet babyspinat
- Kosher salt og friskkværnet sort peber efter smag
- 1 kop skummet ricottaost
- 1 kop revet mozzarellaost, delt
- 2 spsk hakkede friske basilikumblade

VEJBESKRIVELSE

a) I en stor gryde med kogende saltet vand koges pastaen efter pakkens anvisninger; dræn godt af. Skær hver nudel i 4 stykker; sæt til side.

b) Opvarm olivenolien i en stor stegepande eller hollandsk ovn over medium-høj varme. Tilsæt den malede mørbrad og løg og kog indtil brunet, 3 til 5 minutter, og sørg for at smuldre oksekødet, mens det koger; dræn overskydende fedt.

c) Rør hvidløg, tomatpuré og italiensk krydderi i, og kog indtil dufter, 1 til 2 minutter. Rør tomaterne i, reducer varmen, og lad dem simre, indtil de er lidt tykkere, 5 til 6 minutter. Rør zucchini, gulerod og spinat i og kog under jævnlig omrøring, indtil de er møre, 2 til 3 minutter. Smag til med salt og peber efter smag. Sæt sauce til side.

d) Kombiner ricottaen, $\frac{1}{2}$ kop mozzarella og basilikum i en lille skål; smag til med salt og peber

e) Forvarm ovnen til 375 grader F. Olie let 4 (16-ounce) glaskrukker med bred mund og låg eller andre ovnsikre beholdere, eller overtræk med nonstick-spray.

f) Læg 1 pastastykke i hver krukke. Fordel en tredjedel af saucen i glassene. Gentag med et andet lag pasta og sauce. Top med ricottablanding, resterende pasta og resterende sauce. Drys med den resterende $\frac{1}{2}$ kop mozzarellaost.

g) Sæt glassene på en bageplade. Placer i ovnen og bag indtil boblende, 25 til 30 minutter; afkøles helt. Stil på køl i op til 4 dage.

60. Miso ingefær detox suppe

INGREDIENSER

- 2 tsk ristet sesamolie
- 2 tsk rapsolie
- 3 fed hvidløg, hakket
- 1 spsk friskrevet ingefær
- 6 dl grøntsagsfond
- 1 plade kombu, skåret i små stykker
- 4 tsk hvid misopasta
- 1 (3,5 ounce) pakke shiitakesvampe, skåret i skiver (ca. 2 kopper)
- 8 ounce fast tofu, i terninger
- 5 baby bok choy, hakket
- $\frac{1}{4}$ kop hakkede grønne løg

VEJBESKRIVELSE

a) Opvarm sesamolie og rapsolie i en stor gryde eller hollandsk ovn over medium varme. Tilsæt hvidløg og ingefær og kog under jævnlig omrøring, indtil dufter, 1 til 2 minutter. Rør bouillon, kombu og misopasta i og bring det i kog. Dæk til, reducer varmen og lad det simre i 10 minutter. Rør svampene i og kog indtil de er møre, cirka 5 minutter.

b) Rør tofu og bok choy i, og kog indtil tofuen er gennemvarmet, og bok choyen er lige mør, cirka 2 minutter. Rør de grønne løg i. Server straks.

c) Eller lad bouillonen afkøle helt i slutningen af trin 1 for at forberede i god tid. Rør derefter tofu, bok choy og grønne løg i. Fordel i lufttætte beholdere, dæk til og stil på køl i op til 3 dage. For at genopvarme skal du sætte den i mikrobølgeovnen i 30 sekunders intervaller, indtil den er gennemvarmet.

61. Fyldte søde kartofler

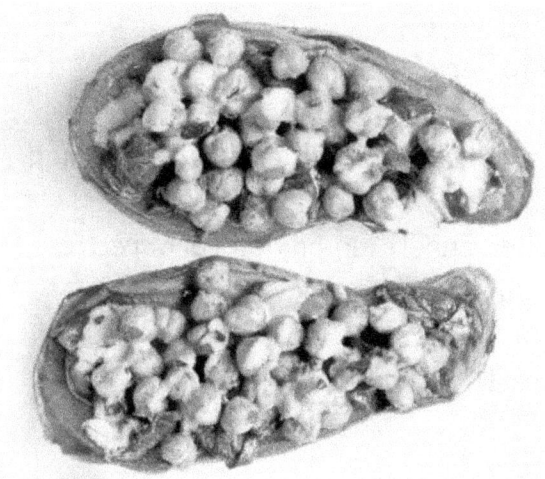

UDBYTTE: 4 SERVERINGER
INGREDIENSER
- 4 mellemstore søde kartofler

VEJBESKRIVELSE
a) Forvarm ovnen til 400 grader F. Beklæd en bageplade med bagepapir eller aluminiumsfolie.
b) Læg de søde kartofler i et enkelt lag på den forberedte bageplade. Bages indtil gaffelmøre, cirka 1 time og 10 minutter.
c) Lad hvile indtil køligt nok til at håndtere.

62. Koreansk-amerikansk kylling fyldte kartofler

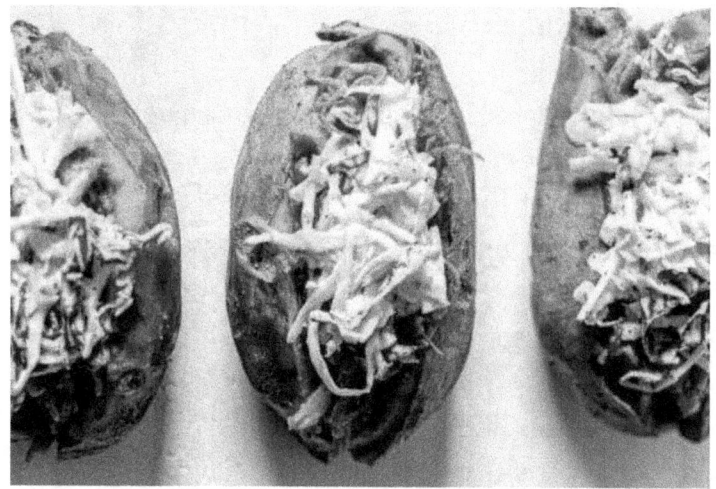

INGREDIENSER

- ½ kop krydret risvinseddike
- 1 spsk sukker
- Kosher salt og friskkværnet sort peber efter smag
- 1 kop tændstik gulerødder
- 1 stor skalotteløg, skåret i skiver
- ¼ tsk knuste røde peberflager
- 2 tsk sesamolie
- 1 (10-ounce) pakke frisk spinat
- 2 fed hvidløg, hakket
- 4 ristede søde kartofler (her)
- 2 kopper krydret koreansk-amerikansk sesamkylling (her)

VEJBESKRIVELSE

a) I en lille gryde kombineres eddike, sukker, 1 tsk salt og ¼ kop vand. Bring i kog ved middel varme. Rør gulerødder, skalotteløg og rød peberflager i. Fjern fra varmen og lad stå i 30 minutter.

b) Opvarm sesamolien i en stor gryde ved middel varme. Rør spinat og hvidløg i og kog indtil spinaten er visnet, 2 til 4 minutter. Smag til med salt og peber efter smag.

c) Halver kartoflerne på langs og krydr med salt og peber. Top med kylling, gulerodsblandingen og spinat.

d) Fordel de søde kartofler i måltidsbeholdere. Stil på køl i op til 3 dage. Genopvarm i mikrobølgeovnen i 30 sekunders intervaller, indtil den er gennemvarmet.

63. Grønkål og rød peber fyldte kartofler

INGREDIENSER

- 1 spsk olivenolie
- 2 fed hvidløg, hakket
- 1 sødt løg i tern
- 1 tsk røget paprika
- 1 rød peberfrugt, skåret i tynde skiver
- 1 bundt grønkål, stilke fjernet og blade hakket
- Kosher salt og friskkværnet sort peber efter smag
- 4 ristede søde kartofler
- ½ kop smuldret fedtfattig fetaost

VEJBESKRIVELSE

a) Varm olivenolien op i en stor gryde ved middel varme. Tilsæt hvidløg og løg og steg under jævnlig omrøring, indtil løget er gennemsigtigt, 2 til 3 minutter. Rør paprikaen i og kog indtil dufter, cirka 30 sekunder.

b) Rør peberfrugten i og kog indtil den er sprød, cirka 2 minutter. Rør grønkålen i, en håndfuld ad gangen, og kog indtil den er lysegrøn og lige visnet, 3 til 4 minutter.

c) Halver kartoflerne og krydr med salt og peber. Top med grønkålsblandingen og feta.

d) Fordel de søde kartofler i måltidsbeholdere.

64. Sennep Kylling fyldte kartofler

INGREDIENSER
- 1 spsk olivenolie
- 2 kopper skåret friske grønne bønner
- 1 ½ dl i kvarte cremini-svampe
- 1 skalotteløg, hakket
- 1 fed hvidløg, hakket
- 2 spsk hakket frisk persilleblade
- Kosher salt og friskkværnet sort peber efter smag
- 4 ristede søde kartofler (her)
- 2 kopper honning sennep kylling (her)

VEJBESKRIVELSE
a) Varm olivenolien op i en stor gryde ved middel varme. Tilsæt grønne bønner, svampe og skalotteløg og kog under jævnlig omrøring, indtil de grønne bønner er sprøde, møre, 5 til 6 minutter. Rør hvidløg og persille i og kog indtil dufter, cirka 1 minut. Smag til med salt og peber efter smag.

b) Halver kartoflerne på langs og krydr med salt og peber. Top med grønne bønneblandingen og kylling.

c) Fordel de søde kartofler i måltidsbeholdere. Stil på køl i op til 3 dage. Genopvarm i mikrobølgeovnen i 30 sekunders intervaller, indtil den er gennemvarmet.

65. Sorte bønner og Pico de Gallo fyldte kartofler

INGREDIENSER
Sorte bønner
- 1 spsk olivenolie
- ½ sødt løg i tern
- 1 fed hvidløg, hakket
- 1 tsk chilipulver
- ½ tsk stødt spidskommen
- 1 (15,5 ounce) dåse sorte bønner, skyllet og drænet
- 1 tsk æblecidereddike
- Kosher salt og friskkværnet sort peber efter smag

Pico de gallo
- 2 blommetomater i tern
- ½ sødt løg i tern
- 1 jalapeño, frøet og hakket
- 3 spsk hakkede friske korianderblade
- 1 spsk friskpresset limesaft
- Kosher salt og friskkværnet sort peber efter smag
- 4 ristede søde kartofler (her)
- 1 avocado, halveret, udstenet, skrællet og skåret i tern
- ¼ kop let creme fraiche

VEJBESKRIVELSE

a) Til Bønnerne: Varm olivenolien op i en medium gryde ved middel varme. Tilsæt løget og kog, omrør ofte, indtil det er gennemsigtigt, 2 til 3 minutter. Rør hvidløg, chilipulver og spidskommen i, og kog indtil dufter, cirka 1 minut.
b) Rør bønnerne og ⅔kop vand i. Bring det i kog, reducer varmen og kog indtil det er reduceret, 10 til 15 minutter. Brug en kartoffelmoser til at mos bønnerne, indtil glat og ønsket konsistens er nået. Rør eddike i og smag til med salt og peber.
c) Kombiner tomater, løg, jalapeño, koriander og limesaft i en mellemstor skål. Smag til med salt og peber efter smag.
d) Halver kartoflerne på langs og krydr med salt og peber. Top med sorte bønneblandingen og pico de gallo.
e) Fordel de søde kartofler i måltidsbeholdere. Stil på køl i op til 3 dage. Genopvarm i mikrobølgeovnen i 30 sekunders intervaller, indtil den er gennemvarmet.

66. Zucchininudler med kalkunfrikadeller

INGREDIENSER

- 1-pund malet kalkun
- ⅓ kop panko
- 3 spsk friskrevet parmesan
- 2 store æggeblommer
- ¾ tsk tørret oregano
- ¾ tsk tørret basilikum
- ½ tsk tørret persille
- ¼ tsk hvidløgspulver
- ¼ tsk knuste røde peberflager
- Kosher salt og friskkværnet sort peber efter smag
- 2 pund (3 medium) zucchini, spiraliseret
- 2 tsk kosher salt
- 2 kopper marinara sauce (hjemmelavet eller købt i butikken)
- ¼ kop friskrevet parmesanost

VEJBESKRIVELSE

a) Forvarm ovnen til 400 grader F. Olie let en 9x13-tommer bradepande eller overtræk med nonstick-spray.

b) I en stor skål kombineres den malede kalkun, panko, parmesan, æggeblommer, oregano, basilikum, persille, hvidløgspulver og rød peberflager; smag til med salt og peber. Brug en træske eller rene hænder til at blande, indtil det er godt blandet. Rul blandingen til 16 til 20 frikadeller, hver 1 til 1 $\frac{1}{2}$ tommer i diameter.

c) Læg frikadellerne i den tilberedte ovnfad og bag dem i 15 til 18 minutter, indtil de er brune over det hele og gennemstegte; sæt til side.

d) Læg zucchinien i et dørslag over vasken. Tilsæt saltet og vend forsigtigt for at kombinere; lad sidde i 10 minutter. I en stor gryde med kogende vand, kog zucchinien i 30 sekunder til 1 minut; dræn godt af.

e) Fordel zucchinien i måltidsbeholdere. Top med frikadeller, marinara sauce og parmesan. Holder sig tildækket i køleskabet i 3-4 dage. Genopvarm i mikrobølgeovnen, utildækket, i 30-sekunders intervaller, indtil den er gennemvarmet.

67. Nemme frikadeller

Giver omkring 18 frikadeller
INGREDIENSER
- 20 oz. (600 g) ekstra magert malet kalkunbryst
- ½ kop (40 g) havremel
- 1 æg
- 2 kopper (80 g) spinat, hakket (valgfrit)
- 1 tsk hvidløgspulver
- ¾ teskefulde salt
- ½ tsk peber

VEJBESKRIVELSE
a) Forvarm ovnen til 350F (180C).
b) Bland alle ingredienser i en skål.
c) Rul kødet til frikadeller på størrelse med golfbolde og overfør det til en sprøjtet 9x13" (30x20 cm) bradepande.
d) Bages i 15 minutter.

68. 3-ingrediens suppe

Giver 8 portioner
INGREDIENSER
- 2 15 oz. (425g hver) dåser bønner (jeg bruger en dåse sorte bønner og en dåse hvide bønner), drænet/skyllet
- 1 15 oz. (425g) dåse tomater i tern
- 1 kop (235 ml) kylling/grøntsagsbouillon salt og peber efter smag

VEJBESKRIVELSE
a) Kom alle ingredienserne i en gryde ved medium-høj varme. Bring i kog.
b) Når det koger, læg låg på og skru ned til kog i 25 minutter.
c) Brug din stavblender (eller overfør til en normal blender/processor i batches) til at purere suppen til den ønskede konsistens.
d) Serveres lun med græsk yoghurt som cremefraiche-erstatning, fedtfattig cheddarost og grønt løg!
e) Holder sig op til 5 dage i køleskabet.

69. Langsom Komfur Salsa Tyrkiet

Giver 6 portioner

INGREDIENSER

- 20 oz. (600 g) ekstra magert malet kalkunbryst
- 1 15,5 oz. krukke (440 g) salsa
- salt og peber efter smag (valgfrit)

VEJBESKRIVELSE

a) Tilføj din malede kalkun og salsa til din slow cooker.
b) Skru varmen til lav. Lad koge i 6-8 timer, langsomt og lavt. Rør en eller to gange under hele tilberedningstiden. (Kog ved høj temperatur i 4 timer, hvis du er i tidsnød).
c) Server med ekstra kold salsa, græsk yoghurt som cremefraiche-erstatning, ost eller grønt løg!
d) Holder sig 5 dage i køleskabet, eller 3-4 måneder i fryseren.

70. Burrito-skål-In-A-Jar

Giver 1 Krukke

INGREDIENSER
- 2 spsk salsa
- $\frac{1}{4}$ kop (40 g) bønner/bønnesalsa ⅓kop (60 g) kogte ris/quinoa
- 3 oz. (85 g) kogt ekstra mager malet kalkun, kylling eller protein efter eget valg
- 2 spiseskefulde cheddarost med lavt fedtindhold
- 1 $\frac{1}{2}$ kop (60 g) salat/grønt
- 1 spsk græsk yoghurt ("creme fraiche")
- $\frac{1}{4}$ avocado

VEJBESKRIVELSE
a) Læg alle dine ingredienser i krukken.
b) Opbevares til spisning på et senere tidspunkt.
c) Når du er klar til at spise, hæld glasset på en tallerken eller skål for at blande og fortære!
d) Holder sig 4-5 dage i køleskabet.

KOLD FROKOST

71. Carnitas måltidsskåle

INGREDIENSER
- 2 ½ tsk chilipulver
- 1 ½ tsk stødt spidskommen
- 1½ tsk tørret oregano
- 1 tsk kosher salt, eller mere efter smag
- ½ tsk kværnet sort peber eller mere efter smag
- 1 (3-pund) svinekam, overskydende fedt trimmet
- 4 fed hvidløg, pillede
- 1 løg, skåret i tern
- Saft af 2 appelsiner
- Saft af 2 limefrugter
- 8 kopper strimlet grønkål
- 4 blommetomater, hakkede
- 2 (15-ounce) dåser sorte bønner, drænet og skyllet
- 4 kopper majskerner (frosne, dåse eller ristede)
- 2 avocadoer, halveret, udstenet, skrællet og skåret i tern
- 2 limefrugter, skåret i tern

VEJBESKRIVELSE
a) Kombiner chilipulver, spidskommen, oregano, salt og peber i en lille skål. Krydr svinekødet med krydderiblandingen, og gnid det grundigt ind på alle sider.

b) Læg svinekød, hvidløg, løg, appelsinjuice og limesaft i en langsom komfur. Dæk til og kog på lav i 8 timer, eller på høj i 4 til 5 timer.

c) Tag svinekødet ud af komfuret og riv kødet. Kom det tilbage i gryden og vend det med saften; smag til med salt og peber, evt. Dæk til og hold varm i yderligere 30 minutter.

d) Læg svinekød, grønkål, tomater, sorte bønner og majs i måltidsbeholdere. Holder sig tildækket i køleskabet i 3-4 dage. Server med avocado og limebåde.

72. Chicago hotdog salat

INGREDIENSER
- 2 spsk ekstra jomfru olivenolie
- 1 ½ spsk gul sennep
- 1 spsk rødvinseddike
- 2 tsk valmuefrø
- ½ tsk sellerisalt
- Knip sukker
- Kosher salt og friskkværnet sort peber efter smag
- 1 kop quinoa
- 4 fedtfattige kalkunpølser
- 3 kopper strimlet babygrønkål
- 1 kop halverede cherrytomater
- ⅓ kop hakket hvidløg
- ¼ kop sport peberfrugt
- 8 dildsyltespyd

VEJBESKRIVELSE
a) AT LAVE VINAIGRETEN: Pisk olivenolie, sennep, eddike, valmuefrø, sellerisalt og sukker sammen i en mellemstor skål. Smag til med salt og peber efter smag. Dæk til og stil på køl i 3 til 4 dage.
b) Kog quinoaen efter pakkens anvisninger i en stor gryde med 2 dl vand; sæt til side.
c) Varm en grill op til medium-høj. Tilsæt hotdogsene til grillen og steg dem gyldenbrune og let forkullede på alle sider, 4 til 5 minutter. Lad afkøle og skær i mundrette stykker.
d) Fordel quinoa, hotdogs, tomater, løg og peberfrugt i måltidsbeholdere. Holder sig på køl 3 til 4 dage.
e) Til servering hælder du dressingen oven på salaten og rører forsigtigt sammen. Server med det samme, garneret med picklespyd, hvis det ønskes.

73. Fisk taco skåle

INGREDIENSER
Koriander lime dressing
- 1 kop løst pakket koriander, stilke fjernet
- ½ kop græsk yoghurt
- 2 fed hvidløg,
- Saft af 1 lime
- Knip kosher salt
- ¼ kop ekstra jomfru olivenolie
- 2 spsk æblecidereddike

Tilapia
- 3 spsk usaltet smør, smeltet
- 3 fed hvidløg, hakket
- Revet skal af 1 lime
- 2 spsk friskpresset limesaft, eller mere efter smag
- 4 (4-ounce) tilapiafileter
- Kosher salt og friskkværnet sort peber efter smag
- ⅔ kop quinoa
- 2 kopper strimlet grønkål
- 1 kop revet rødkål
- 1 kop majskerner (dåse eller ristede)
- 2 blommetomater i tern
- ¼ kop knuste tortillachips
- 2 spsk hakkede friske korianderblade

VEJBESKRIVELSE

a) TIL DRESSINGEN: Kom koriander, yoghurt, hvidløg, limesaft og salt i skålen på en foodprocessor. Med motoren kørende, tilsæt olivenolie og eddike i en langsom strøm, indtil emulgeret. Dæk til og stil på køl i 3 til 4 dage.

b) TIL TILAPIAEN: Forvarm ovnen til 425 grader F. Smør en 9x13-tommers bradepande let med olie eller overtræk med nonstick-spray.

c) I en lille skål piskes smør, hvidløg, limeskal og limesaft sammen. Krydr tilapiaen med salt og peber og læg den i den tilberedte ovnfast fad. Dryp med smørblandingen.

d) Bages, indtil fisken let flager med en gaffel, 10 til 12 minutter.

e) Kog quinoaen efter anvisning på pakken i en stor gryde med 2 dl vand. Lad afkøle.

f) Fordel quinoaen i måltidsbeholdere. Top med tilapia, grønkål, kål, majs, tomater og tortillachips.

g) For at servere, dryp med koriander lime dressing, garneret med koriander, hvis det ønskes.

74. Høst cobb salat

INGREDIENSER
Valmuefrødressing
- $\frac{1}{4}$ kop 2% mælk
- 3 spsk olivenolie mayonnaise
- 2 spsk græsk yoghurt
- 1 $\frac{1}{2}$ spsk sukker eller mere efter smag
- 1 spsk æblecidereddike
- 1 spsk valmuefrø
- 2 spsk olivenolie

Salat
- 16 ounce' butternut squash, skåret i 1-tommers bidder
- 16 ounce rosenkål, halveret
- 2 kviste frisk timian
- 5 friske salvieblade
- Kosher salt og friskkværnet sort peber efter smag
- 4 mellemstore æg
- 4 skiver bacon i tern
- 8 kopper strimlet grønkål
- 1 ⅓ kopper kogte vilde ris

VEJBESKRIVELSE

a) TIL DRESSEN: Pisk mælk, mayonnaise, yoghurt, sukker, eddike og valmuefrø sammen i en lille skål. Dæk til og stil på køl i op til 3 dage.

b) Forvarm ovnen til 400 grader F. Smør en bageplade let eller belæg den med nonstick-spray.

c) Læg squash og rosenkål på den forberedte bageplade. Tilsæt olivenolie, timian og salvie og vend forsigtigt sammen; smag til med salt og peber. Arranger i et jævnt lag og bag, vend én gang, i 25 til 30 minutter, indtil de er møre; sæt til side.

d) Læg i mellemtiden æggene i en stor gryde og dæk med koldt vand med 1 tomme. Bring i kog og kog i 1 minut. Dæk gryden med et tætsluttende låg og fjern fra varmen; lad sidde i 8 til 10 minutter. Dræn godt af og lad afkøle, inden du skræller og skærer i skiver.

e) Varm en stor stegepande op over medium-høj varme. Tilsæt bacon og kog indtil brun og sprød, 6 til 8 minutter; dræn overskydende fedt. Overfør til en plade med køkkenrulle; sæt til side.

f) For at samle salaterne skal du placere grønkålen i måltidsforberedelsesbeholdere; arrangere rækker af squash, rosenkål, bacon, æg og vilde ris ovenpå. Holder sig tildækket i køleskabet i 3-4 dage. Server med valmuefrødressingen.

75. Buffalo blomkål cobb salat

INGREDIENSER

- 3-4 kopper blomkålsbuketter
- 115 oz. kan kikærter, drænet, skyllet og duppet tør
- 2 tsk avocadoolie
- ½ tsk peber
- ½ tsk havsalt
- ½ kop buffalo wing sauce
- 4 kopper frisk romaine, hakket
- ½ kop selleri, hakket
- ¼ kop rødløg, skåret i skiver
- Cremet vegansk ranchdressing:
- ½ kop rå cashewnødder, udblødt 3-4 timer eller natten over
- ½ kop frisk vand
- 2 tsk tørret dild
- 1 tsk hvidløgspulver
- 1 tsk løgpulver
- ½ tsk havsalt
- knivspids sort peber

VEJBESKRIVELSE

a) Indstil ovnen til 450°F.
b) Tilsæt blomkål, kikærter, olie, peber og salt til en stor skål og vend til pels.
c) Hæld blandingen på en bageplade eller sten. Steg i 20 minutter. Tag bagepladen ud af ovnen, hæld bøffelsauce over blandingen og vend til belægning. Steg i yderligere 10-15 minutter eller indtil kikærter er sprøde og blomkål er ristet efter din smag. Fjern fra ovnen.
d) Tilsæt udblødte og drænede cashewnødder i en kraftig blender eller foodprocessor med 1/2 kop vand, dild, hvidløgspulver, løgpulver, salt og peber. Blend indtil glat.
e) Grib to salatskåle og tilsæt 2 kopper hakket romaine, 1/4 kop selleri og 1/8 kop løg til hver skål. Top med ristet bøffel blomkål og kikærter. Dryp dressingen på og nyd!

Mason krukke rødbeder og rosenkål korn skåle

INGREDIENSER
- 3 mellemstore rødbeder (ca. 1 pund)
- 1 spsk olivenolie
- Kosher salt og friskkværnet sort peber efter smag
- 1 kop farro
- 4 kopper babyspinat eller grønkål
- 2 kopper rosenkål (ca. 8 ounces), skåret i tynde skiver
- 3 klementiner, skrællet og delt
- $\frac{1}{2}$ kop pekannødder, ristede
- $\frac{1}{2}$ kop granatæblekerner

Honning-Dijon rødvinsvinaigrette
- $\frac{1}{4}$ kop ekstra jomfru olivenolie
- 2 spsk rødvinseddike
- $\frac{1}{2}$ skalotteløg, hakket
- 1 spsk honning
- 2 tsk fuldkornssennep
- Kosher salt og friskkværnet sort peber efter smag

VEJBESKRIVELSE

a) Forvarm ovnen til 400 grader F. Beklæd en bageplade med folie.
b) Læg rødbederne på folien, dryp med olivenolie, og krydr med salt og peber. Fold alle 4 sider af folien op for at lave en pose. Bages indtil gaffelmør, 35 til 45 minutter; lad afkøle, cirka 30 minutter.
c) Brug et rent køkkenrulle til at gnide rødbederne for at fjerne skindet; skæres i mundrette stykker.
d) Kog farroen efter anvisningen på pakken, og lad den derefter køle af.
e) Del rødbederne i 4 (32-ounce) glas med bred mund og låg. Top med spinat eller grønkål, farro, rosenkål, klementiner, pekannødder og granatæblekerner. Holder sig tildækket i køleskabet 3 eller 4 dage.
f) TIL VINAIGRETEN: Pisk olivenolie, eddike, skalotteløg, honning, sennep og 1 spsk vand sammen; smag til med salt og peber. Dæk til og stil på køl i op til 3 dage.
g) Til servering skal du tilføje vinaigretten til hver krukke og ryste. Server straks.

76. Mason jar broccolisalat

INGREDIENSER

- 3 spsk 2% mælk
- 2 spsk olivenolie mayonnaise
- 2 spsk græsk yoghurt
- 1 spsk sukker eller mere efter smag
- 2 tsk æblecidereddike
- ½ kop cashewnødder
- ¼ kop tørrede tranebær
- ½ kop rødløg i tern
- 2 ounce cheddarost, skåret i tern
- 5 kopper groft hakkede broccolibuketter

VEJBESKRIVELSE

a) TIL DRESSEN: Pisk mælk, mayonnaise, yoghurt, sukker og eddike sammen i en lille skål.

b) Fordel dressingen i 4 (16 ounce) bredmundede glaskrukker med låg. Top med cashewnødder, tranebær, løg, ost og broccoli. Stil på køl i op til 3 dage.

c) For at servere skal du ryste indholdet af en krukke og servere med det samme.

77. Mason jar kyllingesalat

INGREDIENSER

- 2 ½ kopper rester af revet rotisserie kylling
- ½ kop græsk yoghurt
- 2 spsk olivenolie mayonnaise
- ¼ kop rødløg i tern
- 1 stilk selleri i tern
- 1 spsk friskpresset citronsaft, eller mere efter smag
- 1 tsk hakket frisk estragon
- ½ tsk dijonsennep
- ½ tsk hvidløgspulver
- Kosher salt og friskkværnet sort peber efter smag
- 4 kopper strimlet grønkål
- 2 Granny Smith æbler, udkernede og hakkede
- ½ kop cashewnødder
- ½ kop tørrede tranebær

VEJBESKRIVELSE

a) I en stor skål kombineres kylling, yoghurt, mayonnaise, rødløg, selleri, citronsaft, estragon, sennep og hvidløgspulver; smag til med salt og peber.

b) Fordel kyllingeblandingen i 4 (24-ounce) bredmundede glaskrukker med låg. Top med grønkål, æbler, cashewnødder og tranebær. Stil på køl i op til 3 dage.

c) For at servere skal du ryste indholdet af en krukke og servere med det samme.

78. Mason krukke kinesisk kyllingesalat

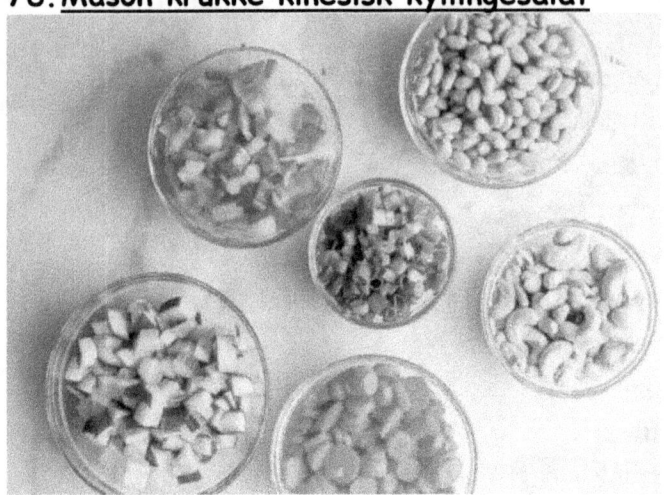

INGREDIENSER
- ½ kop risvinseddike
- 2 fed hvidløg, presset
- 1 spsk sesamolie
- 1 spsk friskrevet ingefær
- 2 tsk sukker eller mere efter smag
- ½ tsk sojasovs med reduceret natrium
- 2 grønne løg, skåret i tynde skiver
- 1 tsk sesamfrø
- 2 gulerødder, skrællet og revet
- 2 kopper engelsk agurk i tern
- 2 kopper strimlet lilla kål
- 12 kopper hakket grønkål
- 1 ½ kopper tilovers hakket rotisserie kylling
- 1 kop wonton strimler

VEJBESKRIVELSE
a) TIL VINAIGRETEN: Pisk eddike, hvidløg, sesamolie, ingefær, sukker og sojasovs sammen i en lille skål. Fordel dressingen i 4 (32-ounce) bredmundede glaskrukker med låg.

b) Top med grønne løg, sesamfrø, gulerødder, agurk, kål, grønkål og kylling. Stil på køl i op til 3 dage. Opbevar wonton-strimlerne separat.

c) For at servere skal du ryste indholdet af en krukke og tilføje wonton-strimlerne. Server straks.

79. Mason jar niçoise salat

INGREDIENSER

- 2 mellemstore æg
- 2 ½ kopper halverede grønne bønner
- 3 (7-ounce) dåser albacore tun pakket i vand, drænet og skyllet
- ¼ kop ekstra jomfru olivenolie
- 2 spsk rødvinseddike
- 2 spsk rødløg i tern
- 2 spsk hakket frisk persilleblade
- 1 spsk hakkede friske estragonblade
- 1½ tsk dijonsennep
- Kosher salt og friskkværnet sort peber efter smag
- 1 kop halverede cherrytomater
- 4 kopper revet smørsalat
- 3 kopper rucola blade
- 12 Kalamata oliven
- 1 citron, skåret i tern (valgfrit)

VEJBESKRIVELSE

a) Læg æggene i en stor gryde og dæk med koldt vand med 1 tomme. Bring i kog og kog i 1 minut. Dæk gryden med et tætsluttende låg og tag af varmen; lad sidde i 8 til 10 minutter.

b) I mellemtiden blancherer du de grønne bønner i en stor gryde med kogende saltet vand, indtil de er lysegrønne, cirka 2 minutter. Dræn og afkøl i en skål med isvand. Dræn godt af. Dræn æggene og lad dem køle af, inden de pilles og skæres i halve på langs.

c) Kombiner tun, olivenolie, eddike, løg, persille, estragon og Dijon i en stor skål, indtil de lige er kombineret; smag til med salt og peber.

d) Fordel tunblandingen i 4 (32 ounce) bredmundede glaskrukker med låg. Top med grønne bønner, æg, tomater, smørsalat, rucola og oliven. Stil på køl i op til 3 dage.

e) For at servere skal du ryste indholdet af en krukke. Server med det samme, eventuelt med citronbåde.

80. Krydrede tun skåle

INGREDIENSER

- 1 kop langkornet brune ris
- 3 spsk olivenolie mayonnaise
- 3 spsk græsk yoghurt
- 1 spsk sriracha sauce, eller mere efter smag
- 1 spsk limesaft
- 2 teskefulde sojasovs med reduceret natrium
- 2 (5-ounce) dåser albacore tun, drænet og skyllet
- Kosher salt og friskkværnet sort peber efter smag
- 2 kopper strimlet grønkål
- 1 spsk ristede sesamfrø
- 2 tsk ristet sesamolie
- $1\frac{1}{2}$ kop engelsk agurk i tern
- $\frac{1}{2}$ kop syltet ingefær
- 3 grønne løg, skåret i tynde skiver
- $\frac{1}{2}$ kop revet ristet nori

VEJBESKRIVELSE

a) Kog risene i henhold til pakkens anvisninger i 2 kopper vand i en mellemstor gryde; sæt til side.

b) I en lille skål piskes mayonnaise, yoghurt, sriracha, limesaft og sojasovs sammen. Hæld 2 spiseskefulde af mayonnaiseblandingen i en anden skål, dæk til og stil på køl. Rør tunen ind i den resterende mayoblanding og vend forsigtigt sammen; smag til med salt og peber.

c) Kombiner grønkål, sesamfrø og sesamolie i en mellemstor skål; smag til med salt og peber.

d) Fordel risene i måltidsbeholdere. Top med tunblanding, grønkålsblanding, agurk, ingefær, grønne løg og nori. Stil på køl i op til 3 dage.

e) Til servering, dryp med mayonnaiseblandingen.

81. Steak cobb salat

Balsamico vinaigrette
- 3 spsk ekstra jomfru olivenolie
- 4 ½ tsk balsamicoeddike
- 1 fed hvidløg, presset
- 1 ½ tsk tørrede persilleflager
- ¼ tsk tørret basilikum
- ¼ tsk tørret oregano

Salat
- 4 mellemstore æg
- 1 spsk usaltet smør
- 12 ounce bøf
- 2 tsk olivenolie
- Kosher salt og friskkværnet sort peber efter smag
- 8 kopper babyspinat
- 2 kopper cherrytomater, halveret
- ½ kop halve pekannødder
- ½ kop smuldret fedtfattig fetaost

VEJBESKRIVELSE

a) TIL BALSAMISK VINAIGRETTE: Pisk olivenolie, balsamicoeddike, sukker, hvidløg, persille, basilikum, oregano og sennep (hvis du bruger) sammen i en mellemstor skål. Dæk til og stil på køl i op til 3 dage.

b) Læg æggene i en stor gryde og dæk med koldt vand med 1 tomme. Bring i kog og kog i 1 minut. Dæk gryden med et tætsluttende låg og fjern fra varmen; lad sidde i 8 til 10 minutter. Dræn godt af og lad afkøle, inden du skræller og skærer i skiver.

c) Smelt smørret i en stor stegepande over medium-høj varme. Brug køkkenrulle til at tørre begge sider af bøffen. Dryp med olivenolie og krydr med salt og peber. Tilføj bøffen til stegepanden og steg, vend én gang, indtil den er gennemstegt til den ønskede færdighed, 3 til 4 minutter pr. side til medium-sjælden. Lad hvile 10 minutter, før du skærer i mundrette stykker.

d) For at samle salaterne skal du placere spinat i måltidsforberedelsesbeholdere; top med arrangerede rækker af bøf, æg, tomater, pekannødder og feta. Dæk til og stil på køl i op til 3 dage. Server med balsamicovinaigretten eller ønsket dressing.

82. Sød kartoffel nærende skåle

INGREDIENSER
- 2 mellemstore søde kartofler, skrællet og skåret i 1-tommers stykker
- 3 spsk ekstra jomfru olivenolie, delt
- ½ tsk røget paprika
- Kosher salt og friskkværnet sort peber efter smag
- 1 kop farro
- 1 bundt lacinato-grønkål, revet
- 1 spsk friskpresset citronsaft
- 1 kop revet rødkål
- 1 kop halverede cherrytomater
- ¾ kop sprøde Garbanzo bønner
- 2 avocadoer, halveret, udstenet og skrællet

VEJBESKRIVELSE
a) Forvarm ovnen til 400 grader F. Beklæd en bageplade med bagepapir.
b) Læg de søde kartofler på den forberedte bageplade. Tilsæt 1 ½ spsk af olivenolien og paprikaen, smag til med salt og peber, og vend forsigtigt sammen. Arranger i et enkelt lag og bag i 20 til 25 minutter, vend én gang, indtil let gennembores med en gaffel.
c) Kog farroen efter pakkens anvisning; sæt til side.
d) Kombiner grønkål, citronsaft og de resterende 1 ½ spsk olivenolie i en mellemstor skål. Masser grønkålen godt sammen og smag til med salt og peber.
e) Opdel farro i måltidsbeholdere. Top med søde kartofler, kål, tomater og sprøde garbanzos. Stil på køl i op til 3 dage. Server med avocadoen.

83. Thai kylling buddha skåle

INGREDIENSER
Krydret jordnøddesauce
- 3 spsk cremet jordnøddesmør
- 2 spsk friskpresset limesaft
- 1 spsk sojasovs med reduceret natrium
- 2 tsk mørk brun farin
- 2 tsk sambal oelek (kværnet frisk chilipasta)

Salat
- 1 kop farro
- ¼ kop hønsefond
- 1 ½ spsk sambal oelek (kværnet frisk chilipasta)
- 1 spsk lys brun farin
- 1 spsk friskpresset limesaft
- 1 pund udbenet, skindfri kyllingebryst, skåret i 1-tommers stykker
- 1 spsk majsstivelse
- 1 spsk fiskesauce
- 1 spsk olivenolie
- 2 fed hvidløg, hakket
- 1 skalotteløg, hakket
- 1 spsk friskrevet ingefær
- Kosher salt og friskkværnet sort peber efter smag
- 2 kopper strimlet grønkål
- 1 ½ kopper strimlet lilla kål
- 1 kop bønnespirer
- 2 gulerødder, skrællet og revet
- ½ kop friske korianderblade
- ¼ kop ristede jordnødder

VEJBESKRIVELSE

a) TIL PEANUTSAUSEN: Pisk jordnøddesmør, limesaft, sojasauce, brun farin, sambal oelek og 2 til 3 spsk vand sammen i en lille skål. Dæk til og stil på køl i op til 3 dage.
b) Kog farroen efter pakkens anvisning; sæt til side.
c) Mens farroen koger, pisk i en lille skål bouillon, sambal oelek, brun farin og limesaft sammen; sæt til side.
d) Kombiner kyllingen, majsstivelsen og fiskesovsen i en stor skål, vend til belægning, og lad kyllingen absorbere majsstivelsen i et par minutter.
e) Varm olivenolien op i en stor gryde ved middel varme. Tilsæt kyllingen og kog indtil gylden, 3 til 5 minutter. Tilsæt hvidløg, skalotteløg og ingefær og fortsæt med at koge under jævnlig omrøring, indtil dufter, cirka 2 minutter. Rør bouillonblandingen i og kog indtil den er let tyknet, cirka 1 minut. Smag til med salt og peber efter smag.
f) Fordel farroen i måltidsbeholdere. Top med kylling, grønkål, kål, bønnespirer, gulerødder, koriander og jordnødder. Holder sig tildækket i køleskabet i 3-4 dage. Server med den krydrede jordnøddesauce.

84. Thai peanut kylling wraps

INGREDIENSER

Kokos karry jordnøddesauce
- ¼ kop let kokosmælk
- 3 spsk cremet jordnøddesmør
- 1 ½ spsk krydret risvinseddike
- 1 spsk sojasovs med reduceret natrium
- 2 tsk mørk brun farin
- 1 tsk chili hvidløg sauce
- ¼ tsk gult karrypulver

Indpakning
- 2 ½ kopper tilovers hakket rotisserie kylling
- 2 kopper strimlet Napa-kål
- 1 kop rød peberfrugt i tynde skiver
- 2 gulerødder, skrællet og skåret i tændstik
- 1 ½ spsk friskpresset limesaft
- 1 spsk olivenolie mayonnaise
- Kosher salt og friskkværnet sort peber efter smag
- 3 ounce fedtfattig flødeost, ved stuetemperatur
- 1 tsk friskrevet ingefær
- 4 (8-tommer) soltørrede tomat tortilla wraps

VEJBESKRIVELSE

a) TIL KOKOSKARRY PEANUTSAUCE: Pisk kokosmælk, jordnøddesmør, risvinseddike, sojasauce, brun farin, chili-hvidløgssauce og karrypulver sammen i en lille skål. Sæt 3 spsk til side til kyllingen; afkøl resten indtil servering.
b) Kombiner kyllingen og de 3 spsk jordnøddesauce i en stor skål, og vend indtil den er dækket.
c) I en mellemstor skål kombineres kål, peberfrugt, gulerødder, limesaft og mayonnaise; smag til med salt og peber.
d) I en lille skål kombineres flødeost og ingefær; smag til med salt og peber.
e) Fordel flødeostblandingen jævnt på tortillas, efterlad en 1-tommers kant. Top med kyllingen og kålblandingen. Fold siderne ind med cirka 1 tomme, og rul derefter stramt op fra bunden. Holder sig tildækket i køleskabet i 3-4 dage. Server hver wrap med kokos-karry-jordnøddesauce.

85. Kalkun spinat nålehjul

INGREDIENSER
- 1 skive cheddarost
- 2 ounce tyndt skåret kalkunbryst
- ½ kop babyspinat
- 1 (8-tommer) spinat-tortilla
- 6 baby gulerødder
- ¼ kop druer
- 5 agurkeskiver

VEJBESKRIVELSE
a) Placer ost, kalkun og spinat i midten af tortillaen. Bring den nederste kant af tortillaen tæt over spinaten og fold siderne ind. Rul sammen indtil toppen af tortillaen er nået. Skæres i 6 nålehjul.

b) Placer nålehjul, gulerødder, druer og agurkeskiver i en beholder til forberedelse af måltider. Holder sig tildækket i køleskabet i 2 til 3 dage.

86. Kalkun taco salat

INGREDIENSER
- 1 spsk olivenolie
- 1 ½ pund malet kalkun
- 1 (1,25-ounce) pakke tacokrydderi
- 8 kopper strimlet romainesalat
- ½ kop pico de gallo (hjemmelavet eller købt i butikken)
- ½ kop græsk yoghurt
- ½ kop revet mexicansk osteblanding
- 1 lime, skåret i tern

VEJBESKRIVELSE
a) Varm olivenolien op i en stor stegepande ved middelhøj varme. Tilsæt den malede kalkun og kog indtil brunet, 3 til 5 minutter, og sørg for at smuldre kødet, mens det koger; rør tacokrydderierne i. Dræn overskydende fedt.

b) Læg romainesalaten i sandhexposer. Placer pico de gallo, yoghurt og ost i separate 2-ounce Jell-O-shot kopper med låg. Læg det hele - kalkun, romaine, pico de gallo, yoghurt, ost og limebåde - i måltidsbeholdere.

87. Meget grøn mason jar salat

INGREDIENSER
- ¾ kop perlebyg
- 1 kop friske basilikumblade
- ¾ kop 2% græsk yoghurt
- 2 grønne løg, hakket
- 1 ½ spsk friskpresset limesaft
- 1 fed hvidløg, pillet
- Kosher salt og friskkværnet sort peber efter smag
- ½ engelsk agurk, groft hakket
- 1 pund (4 små) zucchini, spiraliseret
- 4 kopper strimlet grønkål
- 1 kop frosne grønne ærter, optøet
- ½ kop smuldret fedtfattig fetaost
- ½ kop ærteskud
- 1 lime skåret i tern (valgfrit)

VEJBESKRIVELSE
a) Kog byggen efter pakkens anvisninger; lad køle helt af og stil til side.
b) For at lave dressingen skal du kombinere basilikum, yoghurt, grønne løg, limesaft og hvidløg i skålen på en foodprocessor og smag til med salt og peber. Puls indtil glat, omkring 30 sekunder til 1 minut.
c) Fordel dressingen i 4 (32-ounce) brede glaskrukker med låg. Top med agurk, zucchininudler, byg, grønkål, ærter, feta og ærteskud. Stil på køl i op til 3 dage.
d) For at servere skal du ryste indholdet i en krukke. Server straks med limebåde, hvis det ønskes.

88. Zucchini forårsrulle skåle

INGREDIENSER

- 3 spsk cremet jordnøddesmør
- 2 spsk friskpresset limesaft
- 1 spsk sojasovs med reduceret natrium
- 2 tsk mørk brun farin
- 2 tsk sambal oelek (kværnet frisk chilipasta)
- 1-pund mellemstore rejer, pillede og deveirede
- 4 mellemstore zucchini, spiraliseret
- 2 store gulerødder, skrællet og revet
- 2 kopper strimlet lilla kål
- ⅓ kop friske korianderblade
- ⅓ kop basilikumblade
- ¼ kop mynteblade
- ¼ kop hakkede ristede jordnødder

VEJBESKRIVELSE

a) TIL PEANUTSAUSEN: Pisk jordnøddesmør, limesaft, sojasauce, brun farin, sambal oelek og 2 til 3 spsk vand sammen i en lille skål. Stil på køl i op til 3 dage, indtil den skal serveres.

b) I en stor gryde med kogende saltet vand koger du rejerne, indtil de er lyserøde, cirka 3 minutter. Dræn og afkøl i en skål med isvand. Dræn godt af.

c) Fordel zucchini i måltidsbeholdere. Top med rejer, gulerødder, kål, koriander, basilikum, mynte og jordnødder. Holder sig tildækket i køleskabet i 3-4 dage. Server med den krydrede jordnøddesauce.

SALATER

89. Chili-lime grøntsager

PORTIONER:2
SAMLET TID TIL FORBEREDELSE:25 minutter
INGREDIENSER:
- 1 stykke ingefær
- 1 fed hvidløg
- 1 bundt, skåret i skiver
- Bønnespirer
- 1 gulerod, skåret i tændstik
- 1 tsk grøntsagsbouillon
- 5 forårsløg
- 1 peberfrugt, skåret i tern
- 1/2 courgette i tern
- 4 broccolibuketter
- Håndfuld sukkerærter
- Soba nudler

Forbinding:
- 1 rød chili
- Stor håndfuld koriander
- Saft af 1 lime

RETNINGSLINJER:
a) Kombiner chili, korianderblade og limesaft i en støder og morter. Tillad infusion på siden.
b) Skær også broccolibukterne i små stykker. Vi ønsker at gøre måltidet tyndt skåret, så det koger hurtigt.
c) Tilbered fonden med 50 ml vand og bring det i kog i en stegepande. Efter et minuts dampning tilsættes de andre grøntsager og hvidløg og ingefær.
d) Efter dampstegning i tre minutter.
e) Server kylling på en seng af soba nudler.
f) Server med en chili-lime dressing på toppen.

90. Citronpasta med broccoli og courgette

PORTIONER:2
SAMLET TID TIL FORBEREDELSE:10 minutter

INGREDIENSER:
- 1 broccoli hoved
- Håndfuld ærter
- 2 fed hvidløg
- 2 portioner speltpasta, kogt
- 1 courgette
- 1 tsk kokosolie
- 1 tomat
- Knip Himalaya salt og sort peber efter smag
- 1/2 rødløg
- Saft af 1 citron
- 2 bundter raket
- Dryp olivenolie

RETNINGSLINJER:
a) Svits broccoli, ærter, hvidløg, rødløg og courgette i kokosolie.
b) Kom pastaen i sammen med hakket tomat og rucola og citronsaft.

91. Aubergine, kartoffel og kikærter

PORTIONER:2
SAMLET TID TIL FORBEREDELSE:10 minutter

INGREDIENSER:
- 1 løg, pillet og fint skåret
- 1 tsk koriander
- 1 aubergine
- 1 kartoffel
- 2 spsk kokosolie
- 1/2 tsk spidskommen
- 1 dåse kikærter
- 1/4 tsk gurkemeje
- Frisk koriander

SOVS:
- 1 løg, pillet og fint skåret
- 2 tsk ingefær, skrællet og revet
- 6 hele nelliker
- 450 g blommetomater
- 1/4 tsk gurkemeje
- 2 spsk kokosolie
- 3 fed hvidløg, knust
- 1/2 tsk stødt koriander
- 1/2 tsk stødt spidskommen
- 1 1/2 tsk salt
- 1 tsk rød chilipulver efter smag

RETNINGSLINJER:

a) Sauter løg og spidskommen i 3 minutter.
b) Tilsæt kartofler, aubergine, kikærter, malet koriander, spidskommen og gurkemeje.
c) Kog løg, hvidløg, ingefær og nelliker i tres sekunder, og tilsæt derefter de hakkede tomater, gurkemeje og andre krydderier.
d) Blend saucerne med en stavblender til de er groft blandet. Derefter tilsættes grøntsagerne, koriander, vand, salt og peber efter smag.
e) Afslut med et drys frisk koriander og server.

92. Grønkålsslaw & cremet dressing

PORTIONER:2
SAMLET TID TIL FORBEREDELSE:15 minutter

INGREDIENSER:
- 1/3 kop sesamfrø
- 1 peberfrugt
- 1/3 kop solsikkekerner
- 1 rødløg
- 1 bundt grønkål
- 4 kopper rødkål, strimlet
- 1 stykke rod ingefær
- Frisk koriander
- 1 Servering af cashewdressing

RETNINGSLINJER:
a) Bland alle ingredienserne sammen.

93. Bruxelles, gulerod og grønt

PORTIONER:2
SAMLET TID TIL FORBEREDELSE:15 minutter

INGREDIENSER:
- 1 broccoli
- 2 gulerødder, skåret i tynde skiver
- 6 rosenkål
- 2 fed hvidløg
- 1 tsk kommenfrø
- 1/2 citron
- Skræl 1 citron Olivenolie

RETNINGSLINJER:
a) Damp alle grøntsagerne i 5-8 minutter ved svag varme.
b) Svits hvidløg med kommen, citronskal, 1/2 citronsaft og olivenolie.
c) Tilsæt gulerod og rosenkål.

94. Broccoli blomkål stege

PORTIONER:2
SAMLET TID TIL FORBEREDELSE:20 minutter

INGREDIENSER:
- 4 broccolibuketter
- 4 blomkålsbuketter
- 1 peberfrugt
- Håndfuld assorterede spirer
- 3 forårsløg
- 1 fed hvidløg, hakkede Flydende Aminoer
- Vilde/brune ris

RETNINGSLINJER:
a) Kog risene i en grøntsagsfond, der er gærfri.
b) Steg hvidløg og løg i en dampkoger i tre minutter.
c) Kom de resterende ingredienser i og lad det simre et par minutter mere.

95. Asparges og Zucchini Pasta

PORTIONER:4
SAMLET TID TIL FORBEREDELSE:20 minutter

INGREDIENSER:
- 4 tomater, i tern
- 1 zucchini
- 1/2 rødløg, i tern
- 1 bundt asparges, dampet
- 200 g raket
- 12 basilikumblade
- 2 fed hvidløg
- 4 portioner speltpasta, kogt
- Olivenolie

RETNINGSLINJER:
a) Kombiner løg og tomater med håndfulde rucola og asparges og stil dem til side.
b) Blend de resterende ingredienser, indtil der dannes en jævn, lysegrøn sauce.
c) Vend pastaen med saucen, del den i skåle og top med tomat, rødløg, asparges og rucola.

96. Veggiefyldte tomater

PORTIONER:2
SAMLET TID TIL FORBEREDELSE:30 minutter

INGREDIENSER:
- 1 spsk koldpresset olie
- 2 tomater
- En halv lille aubergine
- 1 løg
- 1/3 af en courgette
- 1-2 fed hvidløg
- Knip havsalt og peber
- 1 bundt friske spinatblade

RETNINGSLINJER:
a) Forvarm ovnen til 160 grader Celsius (325 grader Fahrenheit).
b) Kombiner grøntsagerne med spinat, salt og peber, og dryp derefter med olien.
c) Herefter lægges tomaterne ovenpå, og midten tages ud. Kombiner midterstykket med resten af blandingen og rør godt.
d) Nu skal du forsigtigt lægge det hele tilbage i tomaterne.
e) Kom tomaterne i en stor gryde med cirka 80 ml vand og dæk den med et låg, når du er sikker på, at der ikke er andet, der kan passe ind i dem.
f) Bages i 18 minutter.

97. Auberginer Ratatouille

PORTIONER:4
SAMLET TID TIL FORBEREDELSE:30 minutter

INGREDIENSER:
- 2 bundter babyspinat
- 3 auberginer, skåret i skiver
- 6 udstenede sorte oliven
- 3 courgetter, skåret i skiver
- 2 røde peberfrugter
- 5 tomater, i tern
- 3 tsk timianblade
- 2 fed hvidløg
- Basilikum blade
- Korianderfrø
- Dryp ekstra jomfru olivenolie
- Knip Himalaya salt og sort peber

RETNINGSLINJER:
a) Fjern skindet og skær courgetterne og auberginerne i tern.
b) Varm lidt oliven- eller kokosolie op i en stegepande og svits en hvidløgsløg langsomt.
c) Læg auberginen i en si og tryk med køkkenrulle for at fjerne overskydende olie efter tilberedning på én gang.
d) Varm mere olie op, og tilsæt derefter courgetten og de andre hvidløg.
e) Kom de resterende ingredienser i en stor pande og varm i 3 minutter.

98. Svampe & spinat

PORTIONER:2
SAMLET TID TIL FORBEREDELSE:15 minutter
SAMLET TID TIL MADLAVNING:15 minutter

INGREDIENSER:
- 1 tsk kokosolie
- 5-6 svampe i skiver
- 2 spsk olivenolie
- ½ rødløg, skåret i skiver
- 1 fed hvidløg, hakket
- ½ tsk frisk citronskal, fintrevet
- ¼ kop cherrytomater, skåret i skiver
- Knip stødt muskatnød
- 3 kopper frisk spinat, strimlet
- ½ spiseskefulde frisk citronsaft
- Knib Salt
- Knib formalet sort peber

RETNINGSLINJER:
a) Varm kokosolien op og svits champignonerne i cirka 4 minutter.
b) Varm olivenolien op og steg løget i cirka 3 minutter.
c) Tilsæt hvidløg, citronskal og tomater, salt og sort peber og steg i ca. 2-3 minutter, mens tomaterne knuses let med en spatel.
d) Kog i cirka 2-3 minutter efter tilsætning af spinat.
e) Rør svampe og citronsaft i og tag det af varmen.

99. Sort peber Citrus spinat

PORTIONER:4
SAMLET TID TIL FORBEREDELSE:10 minutter
SAMLET TID TIL MADLAVNING:7 minutter

INGREDIENSER:
- 2 spsk olivenolie (ekstra jomfru)
- 2 fed hvidløg, knust
- Saft af 1 appelsin
- skal af 1 appelsin
- 3 kopper frisk babyspinat
- 1 tsk havsalt
- $\frac{1}{8}$ tsk sort peber, friskkværnet

RETNINGSLINJER:
a) Varm olivenolien op i en gryde ved høj varme, indtil den begynder at simre.
b) Kog, under omrøring med jævne mellemrum, i 3 minutter efter tilsætning af spinat og hvidløg.
c) Tilsæt appelsinjuice, appelsinskal, salt og peber.
d) Kog under konstant omrøring, indtil saften er fordampet, cirka 4 minutter.

KONKLUSION

Der er så mange lækre regionale retter i hele Korea og Amerika, hver af dem en hyldest til det omkringliggende land og hav. Fra krydrede nudler og ribbenstikende gryderetter til velsmagende svinekød og masser af banchan finder du tallerkener og skåle fyldt med ris, grøntsager, skaldyr og alt, hvad der er gæret. Hvis du er ny til koreansk-amerikansk madlavning og leder efter et sted at starte, anbefaler vi disse opskrifter. Nogle er autentiske og andre er inspirerede, men de har alle én ting til fælles: den udbredte tro på, at når du spiser godt, har du det godt.

www.ingramcontent.com/pod-product-compliance
Lightning Source LLC
Chambersburg PA
CBHW071310110526
44591CB00010B/848